芸能界を変える

―たった一人から始まった働き方改革

森崎めぐみ
Megumi Morisaki

岩波
2047

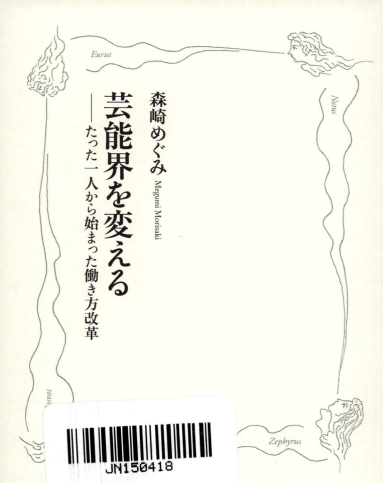

目次

序章　「大切なのは勇気」
──越えられない壁に立ち向かう

たった一人で立ち上がった

「日本でもやればできる。目覚めよWake up!」

二〇一八年、俳優たちによって設立された国際NGOが来日して開催したシンポジウムで、欧米の芸能界で働き方改革を成し遂げたレジェンドたちは力強く語った。この言葉を聞いたとき、私は雷が落ちたような衝撃を受けました。

同じ場でこの話を聞いていた芸能人は何人もいました。フランス、カナダ、ケベック、イギリス、デンマーク、アメリカなど、世界中の俳優たちが、自ら立ち上がって国際機関や政府に訴えて抜本的に労働環境を改善した――その詳細を聞いて、聴衆の誰もが多かれ少なかれ触発された様子で興奮していました。しかし、その後すぐに日本で立ち上がった日本人は私だけだったようです。

シンポジウムが終了すると、私は最も感銘を受けた二人、カナダで社会保障の整備を成し遂げた女性俳優と、アメリカの人気ドラマ『ビバリーヒルズ青春白書』に出演していた俳優であり一六万人の俳優を率いて#MeToo運動を成功させたユニオンの会長に、「私は日本の芸能界でハラスメント対策をします！」と宣言しました。

すると二人とも目を真っ赤にして、「大切なのは勇気」と言ってハグしてくれました。

私は、そう言うだけでもかなりの勇気が必要だったことに後になって気がついて、我ながら驚いたことを覚えています。そして、彼女らの反応の大きさから、これは並大抵なことではないと感じて身ぶるいし、涙がとまらなくなりました。

読者の多くは「芸能界は華やかな世界」というイメージを抱いているでしょう。しかし、本書でこれから詳しく述べていくように、現実は大きく異なります。いま芸能界で働く人たちの中で、現状の就業環境に満足している人は少ないと思います。それまでは、私も芸能界が変わるはずはないと思っていました。実際、私はその後に多くの人たちから、「簡単に変えられるような業界ではない」「残念だけど、無理」「そんなに甘くない」と言われ続けました。

帰国する彼女たちのX（当時はツイッター）には、日本でのシンポジウムの感想がつづられていました。なかには「やっぱり日本は無理かも知れない。あの重い空気には耐えられなかった」という投稿もありましたが、「いいえ、あの子が立ち上がったではないか。それだけで、私たちがアジアの果てまで来た意味がある」と会話が続いていました。

「立ち上がった子」とは、私のことに違いない。

そう確信し、あれから現在まで、彼女たちから教わったことを実行してきました。

芸能界にルールは不要？

現在の芸能界で変化が起きていると言われても、気がつかない人がほとんどかもしれません。しかし、数年前の芸能界でハラスメントに関する訴訟や告発がこんなに頻繁に起きたでしょうか。国の労災保険が芸能人に適用されるようになり、「安全」や「契約書」に関する法整備までできました。これまでは何もなかったのですから、私たちには大きな変化です。

「芸術や芸能は、法による保護を嫌い、自由に生きる破天荒な人がするもの？」

たしかにこれまでの芸能界には、政府の干渉を受けずに、好き放題にやっていてもお金が儲《もう》けられることがあったと思います。しかし、時代の変化の中で働き方のルールやガバナンスが重要になりつつあるにもかかわらず、芸能界はこの潮流にうまく乗れていないと感じます。

現実の問題として、生涯を通してそのような生き方が通用するでしょうか。芸能界には定年がありません。赤ちゃんの役もあれば高齢者の役もあります。そのためいつまでも働きつづけられると思われがちですが、運良く当たり役を得られても、何十年も安定した収入がもらえるわけではありません。なけなしの年金で老後の生活に苦労されている方が決して少なくありません。

いま芸能界で働いている若い人は、人並み外れた悪い待遇を受け入れません。たとえば、はじめての仕事でハラスメントに遭ったら、あっさりと辞めます。これまでと違ってギャラ（報酬）の交渉で買いたたかれたり違法行為をされたらすぐに通報し、相談窓口に駆け込むような人が多いです。

若者は昔の芸人のように一生同じ仕事をしないと生きていけないとは考えず、学校で習ったハラスメントや差別はあってはならないと知識に刷り込まれているため、疑う余地もなく毎日のように私たち日本芸能従事者協会のもとに相談に来ます。

つまり昔と違って、芸能人にもコンプライアンスを求められます。むしろ今は、時代の変化とともに自分も変わらなければ業界に居られなくなりかねない。そんな危機感が芸能界全体に充満しています。そんな今、次世代に技や芸を継承するにはどうしたら良いか、しっかり考えるべきときが来ているのだと思います。

フリーランスに労災保険を！

芸能界では仕事で怪我をすると、「下手だから」「技術が未熟だから」と自己責任にされ、「怪我と弁当は手前持ち」と語り継がれていました。

一見楽しそうに見える芸でも、陰の努力と苦労はつきものです。たとえば、子どもが喜ぶマジックのひとつに、口の中からカラフルな紙テープがどんどん出てくる芸があります。この仕掛けはとても素人には想像できないことで、火をつけた綿を飲み込むのだそうです……。そんなことをしてまでも、子どもが喜ぶショーをやりたい――それが、芸人の思いです。

ある殺陣《たて》師は、国の労災保険の特別加入制度が農業、林業、船員、建設業、運輸業、薬売りなど限られた業種にしか認められず、危険なアクションをする俳優にはどうしても認められないと嘆いていました。

そこで私は「フリーランスの芸能実演家に労災保険を適用するべき」と厚生労働省に要望書

を書きました。すると、ＳＮＳで「え？　労災保険ないの？」「テレビで見る芸人さんとか怪我してそうだけどどうしているの？」と注目を集めました。

近年、一般企業では早期退職や兼業・副業が推奨されるようになり、働き方改革の波とともに、終身雇用が保障された生き方だけがスタンダードではなくなってきています。そして、この流れで注目が集まっていたのが「フリーランス」でした。自分らしい自由な働き方というフリーランスのイメージは、古くからの職人仕事の世界とも言える芸能界にはピンとこないものでしたが、個人事業主という点では一致しています。

その後、私は加藤みはるさんという方から一通の手紙を受け取りました。封を開けると、手紙には次のようにつづられていました。

「私の夫は生前俳優をしていましたが、公演に訪れた全国の学校のアスベスト（石綿）に被災して亡くなりました。労災保険を申請して承認されるまで大変な苦労をしました。どうか貴女の活動が認められ、多くの俳優に労災保険が得られるように応援しています」

丁寧に書かれた字には、長年の切実な思いが込められていると感じました。

子どもの頃、実家が早稲田で小劇場を営んでおり、そこでしょっちゅう遊んでいましたが、天井はアスベストがむき出しのままです。モコモコとしたグレー色のアスベストを見て楽しんでいたほどで、まさか危険なものだとは思ってもいません。自分自身だけでなく、そこで働いていた事務の方や俳優、スタッフの健康状態が心配になりました。

私たちの働く場所に生命の危険があってはならない!

この手紙が、私にとって二番目の決意につながりました。

お手紙を送ってくださった加藤みはるさんに電話をすると、ご主人が亡くなった経緯を細やかに教えてくれました。労災保険に認められるまでの道のりは決して平坦なものではなく、労働基準監督署とのやりとりは茨《いばら》の道だったと言います。

もしも当時、俳優にも特別加入労災保険が当然の権利として認められていれば、死後何年も続いたご遺族の苦労はなかったはずです。その思いを胸に、いっそう強く活動に励みました(特別加入労災保険については第5章で詳しく紹介します)。

越えられない壁

その後も、芸能界の仕事中に怪我をして後遺症に悩む多くの方と出会いました。

おばあちゃん役を演じる八〇歳(当時)の恩田恵美子さんは、撮影中の事故で右脚の根元にある転子部《てんしぶ》を骨折し、大手術と数カ月にも及ぶリハビリ入院で回復に努めましたが、俳優業を引退せざるを得なくなりました。

二〇代から俳優業を続けてきた恩田さんは、「ここで負けてはいけない。後進の俳優のためによくない」と、休業補償を求めて、労基署に労災申請を続けます。認定を却下されても再審査請求を行い、労働基準局の審査会に杖をついて出席したのです。私も数十名の支援者とともに同席して、恩田さんの陳述書を代読しました。

しかし、どうにも動かない壁があるのを、全員が感じていました。

審査会の終了後、恩田さんが堪えきれない気持ちを吐き出すかのように泣き出しました。何の説明の言葉もない泣き声が、その場にいたすべての支援者の胸に響き、誰もがもらい泣きをしていました(第4章で詳しく紹介します)。

社会保障は必要ない?!

加藤さんや恩田さんのようなケースで壁になっていたのは、「俳優に労働者性があるのかどうか」という点です。

その頃、厚生労働省では「雇用類似の働き方に関する検討会」が開催されていました。そこで出された結論は、私たち芸能人には労働者性はなく、「雇用類似の働き方」をしている、というものでした。雇用類似とは、文字通り雇用に類似したものです。つまり「雇用」と「自営」の中間的な働き方をしている、「労働者」ではない人たちという意味です。

厚労省で開かれる会議に、私は欠かさず傍聴に出かけるようになりました。ですが、初めて聞いた会議の内容に耳を疑いました。あろうことか、「雇用類似の働き方に社会保障は必要か否か」の議論がされていました。「好きでフリーランスになっている人たちに国のお金を使って社会保障を与える必要は無いと思います」と言ったある委員の意見を聞いてショックを受けました。

「芸術家は好きでやっている」という言葉はしばしば耳にしますが、私たちはお金をもらって仕事をするプロフェッショナルです。仕事が好きであろうが嫌いであろうが、受託したらどんなに嫌なことがあっても指示された仕事をします。そのような私たちが怪我をして後遺障害を負ったり亡くなったりしても、社会保障はなくてもよい――このことが全く理解できませんでした。

その場にいた労働法の先生が、「否、必要だ」と発言し、「労災保険は人権だ」と言いました。この言葉にハッと目が覚めました。会社で働く人には労災保険が当たり前に与えられていて安心して働いている。その安心感は私たちにはありません。

自分自身も仕事で怪我をしたら労災保険ではなく国民健康保険をつかって受診していましたし、撮影中はトイレを我慢しがちで毎年のように膀胱炎《ぼうこうえん》になり、クランクアップの後に自腹で病院に行きました。それが労災だという認識も、仕事の委託者に請求するものという認識も、全くありませんでした。

メンタルを病む人もいました。私と共演した人の中にも、自死を選んだ人が私の知る限り四名もいました。仲間が相談も連絡もなく去っていくのはとても辛いことです。

仕事で通用する演技は、簡単にはできない貴重で希少な特殊技能です。多くの場合、長いこと養成所などで学んだり、子どもの頃から声楽や日本舞踊やバレエなどいくつもの習い事をしたりすることで、プロの俳優になることができます。たくさんの人の愛情と支援に支えられてようやくデビューして芸能人になっても、残念ながら、あっという間にいなくなる人が少なくありません。

大きく改善されつつあった海外の芸能界の状況を知れば知るほど、だんだんと日本の現状を許せないと思う気持ちが強くなりました。膀胱炎や怪我、後遺障害に苦しみ、遺族が悲しみ苦労するような、そんな業界ではいけないと思いました。

自ら調べ始めた就業実態

私が活動を始めてすぐの二〇一九年、設立一〇〇周年という記念の年を迎えたＩＬＯ（国際労働機関）は、「仕事の世界における暴力とハラスメントの根絶に関する条約」を採択しました。国内でも働き方改革が提唱されるようになり、労働環境の改善が進む千載一遇の機運を感じさせました。

しかし、この大きなチャンスをもみすみす逃しかねない重要な問題がありました。私たち芸能界で働く人のデータがないことです。

職業人口が一体何人で、業界がどれだけの規模なのか。何に困っていて、それが他業界と比べてどれほどのものなのか。それを数字で示せなければ他業界の人たちに理解されません。もちろん法整備など夢のまた夢です。

この問題の重大さを思い知らされたのが、二〇一九年に改正された男女雇用機会均等法と労働施策総合推進法でした。会社や企業で働く人にはセクハラやパワハラの防止措置が適用されましたが、フリーランスは対象外になりました。法律で守られる人と守られない人の違いはなぜ生まれてしまうのか、誰もが同じように働いているにもかかわらず、同じ人間なのに、なぜ私たちフリーランスだけ法律で守られないのか、愕然《がくぜん》としました。

就活生と呼ばれる会社に入る前の就職活動中の学生も、労働者ではないという理由で対象外になりました。就職活動に伴う膨大なハラスメントが露見して、未成年の学生がいるにもかかわらずです。アイドルや子役など芸能界の多くの守られるべき子どもたちがいます。この不条理な法改正には憤るばかりでした。

それで必死になって集計方法を学び、法律の根拠に基づいた質問を作り、無料のGoogleフォームでアンケートを作りました。数字で被害の実態を示すことを目標に、まるで演技の感情表現をアンケートに置き換えたかのような勢いで勉強しました。

その後、私たち日本芸能従事者協会が実施したアンケートは、フリーランスのハラスメント、労働災害、過重労働、自殺願望などを含む安全衛生、誹謗《ひぼう》中傷、経費の適正性、健康管理、新型コロナウイルス感染症(以下、コロナ)の影響、ＡＩなど様々なテーマを調査しました。そして、その結果を政府に届けることで政策立案へとつなげていきました。

二〇二〇年にはようやく文化庁が「文化芸術活動に携わる方々へのアンケート」という調査を実施しました。その結果によると、文化芸術分野に携わる人々の九四・六%が雇用されていませんでした(芸術以外の団体に雇用されている人は八・四%いましたが、それは別業種の仕事で雇われていると考えられます)。つまりほとんどが個人事業者です。

始まりつつある変化

芸能事務所に所属している芸能人は、事務所の雇用労働者ではありません。売れれば雇用されると思っている人が多いようですが、知る限りそういった例はありません。「売れる」が何を基準にしているかも曖昧です。

昨今の多くの企業はコンプライアンスを尊重し、人権を意識した経営方針を打ち出しています。それなのに芸能界は理由なく特別な世界とみなされ、曖昧な物差しでとらえられているように見受けられます。芸能界が特殊かどうかよりも、芸能界に対する特殊な見方や偏見が一般化してしまっていることが問題ではないでしょうか。芸能界で働く人も同じ人間であるという当たり前の事実が見過ごされがちなことに危険を感じます。

それでも、世間への周知がまだ行き届いてはいないものの、会社に雇用された労働者ではないために抜け落ちてきた保護を、芸能界は一つ一つ勝ち取りつつあります。はじめての社会保障である労災保険(第5章)、契約ガイドライン(第6章)、取引適正化などを始めとするフリーランス法(第7章)……たった数年間で次々と保護整備を得ることができました。

この歩みは画期的で歴史的なことです。

そして、芸能業界は今、さらなる改善の渦中にあります。

良くも悪くも何のルールもない無法地帯だったこの業界で、あまりにも多岐にわたる改善が同時に並行して進んでいるために、その全体像が理解しにくいかもしれません。

そのため本書では、芸能界で働く人の実態を明らかにし、政府の取り組みをたどるとともに、今後の芸能界と日本文化の進むべき方向性を一緒に考えたいと思います。

I

働き方の実態
――私たちの調査で見えてきたこと

第1章　「芸能界で働く」とは

働く場所の厳しさ

夢のある華やかな世界。それこそが芸能界ではありますが、人が働いて成り立つという点では他の仕事と変わりはありません。

芸能人もスタッフも、それぞれが芸能の仕事を請け負い、働いて、報酬を得て生活しています。強いて特殊なことと言えば、一般的に人が働かない休日や夜間に、スタジオや劇場などで働くことが多いことでしょうか。

観る人が非日常を楽しむテレビや配信番組、劇場、コンサートやイベントは、きらびやかに感じられると思います。そこで演じたり歌ったりする人の日常生活は容易に想像できないでしょう。演者やスタッフの人生や労働実態がわからなくて当然です。映画のスクリーンが銀幕と呼ばれていた時代には、女優はトイレに行かないとさえ思われていたと聞きます。しかし、よく考えればそれは夢を裏切らないための方便にすぎないと理解できるでしょう。

トイレがない

いまどきの企業で、トイレの設置が義務化していない職場はないでしょう。しかし日本芸能従事者協会の調査で「仕事の現場にトイレがないことがある」と答えた人は六二・〇%もいました。

日本の劇場の設計は、欧米と比べると圧倒的に敷地が狭いです。そのため舞台やバックステージのスペースが狭くなるのは仕方ありません。一方で労働者の人数とトイレの数の割合は、労働安全衛生法の施行規則に定めがありますが、その基準に満たなくてもほとんどの芸能人とスタッフは個人事業者ですので、違法になりません。

芸能従事者とは、芸能実演家(いわゆるパフォーマー全般)とスタッフ全般の総称です。スタッフはプロデューサー、映画監督、舞台演出家、舞台照明家、音響、大道具、小道具、マネージャーなどあらゆる技能を持った、いわば職人の方々です。近年は特に女性の働き手が増えていて、力仕事が必要なスタッフにも女性が雇われ、どのアンケート調査でも半数ほどに達しています。

かつての芸能業界は印象として男性ばかりでした。スタッフ間の指示に怒号が飛びかい、手が出ることもあったと思います。

しかし今、男性と女性が半数ほどの現場では当然トイレの数の調整があってしかるべきですが、業務委託するたびに劇場やスタジオなどの設備を改築することは現実的ではありません。建設業の作業場に必ず設置されるポータブルトイレも芸能業界ではめったに見られず、残念ながらLGBTQへの配慮もできていません。

現場の声

トイレについてアンケートで質問をするのは勇気が必要でした。もしかしたらトイレで困ったことがあるのは自分だけかもしれない……。しかしロケ現場で女性の俳優同士のよくある会話に、「トイレきれいだった?」があります。おそらく誰でもトイレで嫌な思いをしたことがあるからだと思います。

実際に、集計してみると想像以上に切実な声が届きました。自由記述には、次のような言葉が溢れていました(なおアンケート結果は個人が特定されないように編集しています)。

●トイレがない
「いつもトイレを探していることがストレスになっている」
「地方の野外ロケには、そもそもトイレがなく予算的に準備されない」
「映画の撮影の際、山でのロケでトイレがなく、数時間おきに希望者を車で山の下のコンビニまで送迎してもらうようにしましたが、時代劇だったため、コンビニで目立ってしまった」
●トイレの数が足りない
「お客様と共同で、しかも個室がひとつしかなく長蛇の列」
「スタッフの人数に対して数が少ない」
●トイレの質が悪い
「トイレットペーパーが無い」
「汚物入れがない」

「流れにくい」

●トイレに行く時間がない

「トイレに行く時間が確保できない」

「休憩時間も仕事になってしまい、スタッフはトイレに行けないことが多い」

「トイレがあっても行けなくてしょっちゅう膀胱炎になる」

「徹夜作業でトイレに行き忘れ、膀胱炎になった」

●男女の別がない

「男女共有トイレは不潔なことが多い」

「女性は毎月くるものがあるのにスタジオのトイレの設置場所が男性トイレより遠い等、まだまだ男性社会と感じる」

●お客さんと共用

「観客用と演者用のトイレが一緒で、休憩中に行けなかった」

「出演者専用のトイレが無いと混んでて演奏時間に間に合わないかハラハラする」

「本番直前にお客さんとトイレで顔を合わせるのが気まずい」

●トイレへの配慮がない

「スタッフが少なくて現場を離れられない」
「夜間設営現場ではコンビニを借りることも多いが、コロナでトイレが借りられず数軒回ったことがあります」
「通常はメンバー専用のトイレが、開演中はお客さんと共有になり、長蛇の列になる」

どれもこれも切実ですが、身に覚えのある内容ばかりです。

トイレがないときにどうしているか

アンケートでは、トイレがないときにどうしているかを質問をしました(複数回答)。想像すらしたくない実態ですが、一番多いのは「公共のトイレに行った」九二・九％、次に多いのは「我慢した」二六・六％、「屋外でした」一七・五％、「近隣の民家で借りた」七・一％と続きます。

男性ばかりだった芸能業界ですが、スタッフの男女比率に変化が起きています。特に近年は照明、録音、大道具などの重労働をする女性が非常に増えています。

アンケートでも、回答者の性別は①女性四九・〇％、②男性四六・五％、③その他・答えたくないが四・五％となっています。膀胱炎は発症率が二一・三％と蔓延しており、さらに症状が重い腎盂炎《じんうえん》の発症も毎年報告されています。

トイレが十分に整備されていなければ、快適な職場とは言えないでしょう。具体的な弊害として次のような声が寄せられています。

「スタジオでの収録で二時間たっても休憩が入らず、生理が重い日だったので洋服を汚すくらいの経血漏れを起こしてしまった」

「生理中の辛さをひとりでどうにかしなければならない」

「山の中の撮影は特に大変でその結果、急性腎盂腎炎になって入院経験がある」

このような事態になってしまう原因には、指揮命令する制作者やプロデューサーに男性が多いことが一因と考えられますが、それに限らず安全や衛生面の配慮が行き届かないほどの時間的、経済的余裕のなさが最大の原因であると考えられます。

更衣室も足りない

トイレが十分に備えられていないことで読者の夢を一つ壊してしまったかもしれませんが、もう一つ、指摘せねばならない問題があります。快適な労働環境のために最低限必要な更衣室に関しても、残念ながら十分な配慮がなされているとは言えません。

テレビの画面や映画・配信番組の映像、舞台のステージで、俳優や音楽家、お笑い芸人などの「芸能実演家」がパフォーマンスをするために更衣室で衣装に着替えるのは、仕事の一部として欠かせません。

一方、スタッフも着替えが必要です。多くの「裏方《うらかた》」と呼ばれるスタッフは、古くから「黒子《くろご》」と呼ばれ、特に舞台では「暗転《あんてん》」といわれる照明が落とされて場面転換をする一、二分の間に、暗闇の中で作業をするため、基本的に黒装束が良いとされています。

黒装束といっても、今どきは黒いTシャツやパンツが一般的です。ところがスタッフ用の着替え専用のスペースがないため、上下黒の服装で通勤する方もいるそうです。作業で汚れるため黒色は汚れが目立たず都合が良いですが、いくら目立たないと言っても、汚れた服を着たまま で電車に乗って自宅に帰るのは気の毒です。前述の通り女性のスタッフが増えているため早急に改善が必要です。

更衣室に関する現場の声

更衣室についてのアンケートに「仕事場に更衣室がないことがある」と答えた人は約九割でした。具体的に次のような声が寄せられています。

●更衣室がないケース
「更衣室がないことが多すぎる」
「（着替えるために）違う場所を自分で探さなければいけなくてイライラした」
「基本的に女性スタッフに更衣室がない」
「女性だけ更衣室があると気まずい」
「（男性の）俳優はどこでも着替えられて当然という空気がある」
「男性が稽古場で、衆人環視の中で着替えることに、暗黙の了解がある」
「廊下で着替えることが当然のように受け止められている」
「普段は着替えを我慢するが、真夏に大量の汗が出る時に車両の中でこそこそ着替えている」
●更衣室の数が足りないケース
「各俳優に楽屋が用意されていない」
「ロケ先での更衣室が足りず、ロケバスの陰で着替えざるを得ない」
●更衣室の質が悪いケース

「休憩室が更衣室を兼ねている」

「男女問わず基本的に狭すぎる。屋外で着替えた時に虫が出てきて困った」
●男女の別がないケース
「慣習では男女一緒が当たり前」
「男女同室で着替えなければならないと言われたので従ったが、辛かった」
「男女別に控室等が用意されずパーティションの仕切りのみで着替えることに抵抗感のある人がいると思う」
「プライバシーが保たれない」
「マイノリティには居場所がない」
●トイレと併用
「劇場で女性の更衣室はほとんど無く、トイレで着替えている」
「劇場のトイレは便座の蓋《ふた》がないことが多く、着替えづらい」
「遠いトイレまで行って着替えなくてはならず、現場に早めに入らなければならない」
●更衣室や着替えに配慮がない
「外から丸見えの場所での着替えを指示されて不安だった。相談できる担当者もいなかった」

「男性が稽古場でズボンをはき替えるのが見えて困る」

「衣装が着物でも着替え場所がない場合があり、屋外で着替えた経験がある」

「タレントランクが低いと、更衣室は無くても当然だとスタッフに思われている」

更衣室がない時は約七割の人がトイレで着替えていました。もちろん、本来着替えをするための場所ではないので狭く、清潔とは限りません。芸能界のように、仕事場が転々と移動する業種としては他に建設業がありますが、建設現場には女性がお化粧直しをできるパウダールーム付きのポータブルトイレまで準備されているそうです。

一方、ハリウッド俳優はトイレはおろかシャワールームまでついたトレーラー車を、一人一台使っています。どうして日本の芸能業界のトイレ事情はこんなに遅れているのでしょうか。

制作現場の食事事情

ドラマや映画ではシーンごとに自然に場所が移りますが、スタッフやキャストはその都度、機材ごと大移動をします。撮影は場所に合わせて移動するため、各自で食事の用意ができません。そのためスタッフが準備しますが、日本ではお弁当が一般的です。いわゆるロケ弁です。

一方アメリカの映画の撮影現場では、俳優やスタッフのための温かい食べものと、テーブルクロスの掛けられた食卓での食事が契約で保証されているそうです。

是枝裕和監督がフランスで撮影した日仏合作映画『真実』(二〇一九)のプロデューサーの福間美由紀さんがフランスで経験した映画の撮影現場では、シェフと契約をしてビュッフェのようなスタイルで、温かいものを好きなだけ食べられたそうです。必ず食事のために一時間休憩があり、誕生日の人がいると、バースデーケーキまで用意され、みんなでお祝いをしたのが思い出だとか……。まるで別天地です!

日本でも冬の寒い時期にはスタッフが手作りの豚汁を出してくれることがありますが、お弁当以外のものを出すには、相当な準備と特別な予算が必要で苦労されている様子です。

当事者の声――食事

食事についてのアンケートに届いた回答は次のとおりで、残念ながら海外の状況とは大きな隔たりがあります。

●食事がない

「ほぼ二〇時間拘束されて一食出るか出ないか。飲み物の用意もないときがある」

「技術スタッフはまともに食事できないことが多い」

●食事の時間や場所がないケース

「休憩時間が短縮されることも多く、食べる時間がない」

「撮影時間がタイトなので、撮影が終わるまで食事がないことがほとんど」

「リハーサルの時間が曖昧で食事のタイミングがわからない」

「最低限守るべき休憩時間を決めるべき」

「昼夜各一時間は、各スタッフは全ての作業をストップして食事休憩をさせてほしい」

「食べる場所を与えられない」

●食事の量が足りない

「異常な作業量をさせられた後に肉体労働者に見合わない軽食が出される」

●食事の質が悪いケース

「健康的ではない」

「添加物が多い弁当が毎日続いて胃がもたれる」

「野菜不足」

「冬場の揚げ物だらけの冷たい弁当はきつい」

「夜食がほぼコンビニのおにぎりかパン」

「提供される弁当でお腹を壊すことが多いので本番中はできる限り食べない」

「昼と夜の二食とも同じメニューの弁当」

「賞味期限切れの弁当が出された」
●食事の管理に不安があるケース
「保管の場所などがなく、空調設備もない場合がある。夏場はかなり不安」

「夏はお弁当を炎天下に置きっぱなしで危険、冬は寒いところに置きっぱなしでご飯が凍っている」
●配慮が足りないケース
「食事する場所が暗くて、何を食べてるかわからない」

「食べる場所が不衛生」

「制作部や助手などは食べる余裕がない。俳優や監督との差が激しすぎる」

「弁当があるのかないのか、先に教えてほしい」

「アレルギーなどの対応をしないため食品アレルギーを持ったスタッフが発症した」
「ベジタリアンはわがままという風潮がある」
「常に早く食事を済ませる癖がついている」

以上のような声が、毎年一〇〇件以上寄せられています。どの回答も現場経験者なら誰にでも身に覚えのあることなので、同業者はこの集計結果を「あるある！」と納得して笑いながら読んでくれます。

食事時間は「いつも規則的」という人がわずか五・三％しかいなく、「食中毒になったことがある」が九・一％(見聞きしたことがあるを含む)。どうしても衛生的に管理しにくい状況です。テレビ局や撮影所に食堂がなければお弁当になりますが、健康面で偏らない対処法として私はたまにお弁当を遠慮してりんごを一つ、丸のまま持参します。切らずにバッグに入れるのでとても楽です。お昼ご飯の代わりにしたり、早朝は、朝ご飯用に出される唐揚げつきのおにぎりを遠慮してロケバスの中でいただいています。さすがに目立つので注目されますが、体形維持にも良いので真似する女性もいます。このやり方は、『チャーリーズ・エンジェル』(二〇〇〇)という映画の現場で主演女優三名がヘルシー志向だったため、彼女たちのリクエストでフルーツの多い食事が出されたというエピソードからヒントを得ました。

改善に向けての意見には「食事が取れないなどの過失があった場合にはペナルティを設けてほしい」「食事についてあらかじめ契約で決めてほしい」などの声があります。諸外国の食事の契約状況と比較すると当然のことでしょう。他方で政府による映画や演劇分野への助成金が飲食費を経費の対象外としているため、「創作環境向上のために対象にしてほしい」という声もありました。なかなか芸能業界の働き方の特殊性は理解されず、取引の適正化や助成金等の保護施策に反映されにくいようです。

長時間労働

きらびやかに見える芸能業界で長時間労働に悩まされている人が多いとは、なかなか想像できないのではないでしょうか。

数十分ほどのテレビドラマを制作するためには、膨大な時間と日数が必要です。ほんの数秒の感動的なシーンでも、撮影する場所に行き、陽のあたる時間を待ち、雨が降れば晴れるのを待って、場合によっては宿泊をして、やっと撮影できたら衣装を着替えてメイクを落として、他の撮影スタッフの機材の撤収作業を待ってからロケバスで帰ります。数秒の背後に、このような計り知れない時間と日数がかかっています。

夢を提供する側としては、仕事上の痛みや辛さを見せることは観客やファンに対する裏切りと感じられてしまうため、無意識に苦労を隠したいと思いがちです。

一方で、個人事業者であるため、「自分の働く時間を自由に決めることができるはずだから」ということで、どんなに長時間労働をしても法的に問題にならないとされてしまいます。これでは実態が外の世界からはわかりません。

しかし現状は、徹夜が当たり前であったり、仕事のストレスが原因と思われる自殺が頻発してしまうという実態があります。厚労省が芸術・芸能分野の働き方の実態について調査した『過労死等防止対策白書』の作成に取り組み始めたのは当然のことでしょう（第9章で詳しく紹介します）。

労働時間と睡眠時間

労働者ではないフリーランスを雇うのに、労働基準法を守る必要はありません。会社が労働者と結ばなければいけない三六《さぶろく》協定も無関係なので一日八時間・週四〇時間以内の労働時間に制限する必要もありません。したがって労働時間を管理しなくてよいので、タイムカードで時間を測ることもありません。

たとえば、舞台スタッフのAさんは、「最低賃金より報酬が低くても仕事が貰《もら》えるだけましだから、みんな文句を言わずに働いているんです。そのかわりあちこちでたくさん働かなければ生活できません。全部足すとものすごい長時間労働になってしまいます」と言います。

アンケートにはその実態がよく現れています。

・一日の労働時間、八時間以上　九一・〇%
・徹夜で仕事をしたことがある　六六・七%
・平均睡眠時間、八時間以上　三・四%
・平均睡眠時間、六時間以下　五九・二%

どう見ても、労働と睡眠のバランスを崩しています。睡眠時間が四時間以下は危険とされていますが一割近くもいます。

しかもスタッフは重いセットや音響機材などを運ぶ重労働や、天井に近い高所での照明器具のつけ外しなど、危険な作業をします。パフォーマーも台本を暗記したり大勢の人の前で演技や芸をするなど、失敗の許されない極度の集中力を要する仕事をしています（複数回答）。

・仕事中に寝不足で困ったことがある　八三・八％
・寝不足が原因の事故や怪我（見聞きしたことがあるを含む）　五〇・八％

原因のわからない脳梗塞や突然死も少なからず起きています。特に年末年始の忙しい時期やリハーサル不足で負担が多い作品で、開演やクランクインに間に合わせるために無理をしがちです。

当事者の声――労働時間

アンケートに届いた労働時間に関する声は次のとおりです。

●長時間労働

「異常な長時間労働が当たり前になっている」
「早朝、深夜の作業が減らない」

「定時がないため、常に仕事に追われている」
「世間一般の休日が稼働日になるので、基本的に休みがない」
●不適切な対価
「長時間労働に見合わない報酬の低さ」
「生活できないほどの低い報酬額」
「金額は言いなりになる上に、年々下がっている」

対策のなさ

このような状況に対して職場でどのような対策が取られているかは確認できませんでした。そこで「安全衛生の取り組み」に関して調査したところ、最低限のルールも存在していないことがわかりました（複数回答）。

・仕事先で就業時間を把握されていない　六五・九％
・長時間就業にならないルールがない　七九・六％
・ストレスチェックを受けていない　九三・〇％

改善のための意見として、「芸術を創る時間を労働として考えてほしい」「労働時間を決めて、守り、契約書にしてほしい」「全員下請けではなく、雇用して時間管理をするべき」などがありました。

トイレ、更衣室、食事、労働時間の面で、きらびやかどころではない実態が明らかになってしまいました。自由な働き方と象徴されるフリーランスのイメージからは程遠いことでしょう。これまで苦労してきた当事者の自助努力を少し考えていただけるとありがたいです。

第2章　NOと言えないハラスメント

取り残される芸能界

芸能業界のハラスメントは、長い間、顕在化しませんでした。決してハラスメントがなかったのではありません。可視化するためのハードルが高かったのだと思います。ハラスメントと一口にいっても、セクシュアル・ハラスメント(セクハラ)、パワー・ハラスメント(パワハラ)、マタニティ・ハラスメント(マタハラ)、アカデミック・ハラスメント(アカハラ)、モラル・ハラスメント(モラハラ)、カスタマー・ハラスメント(カスハラ)など、さまざまな種類があります。

セクハラについては、一九九九年に改正男女雇用機会均等法が施行され、事業主に対するセクハラ防止措置が義務化されました。

職場におけるパワハラについては、二〇一九年に労働施策総合推進法が改正され、二〇二〇年に大企業の事業主にハラスメントの防止措置が義務づけられました。そのときは努力義務だった中小事業主も、二〇二二年には義務化されました。そのため研修や相談窓口の設置が進んでいきました。

一方、企業で雇われる人が少ない芸能業界は取り残されていきました。さらにインターネットやSNSが普及すると、芸能人がSNSの公式アカウントを持つようになり、誹謗中傷によるハラスメントが頻発して、いっそう深刻になっていきました。

国際的な動き

スイス・ジュネーブに本部のあるILOは、労働条件の改善を通じて世界平和の確立に寄与することを目的とした国際機関で、日本を含む一八七カ国が加盟しています。

二〇二三年七月までに一九一の条約と二〇八の勧告を採択し（日本の批准条約数は五〇）、その内容は、労働条件、労働安全衛生、労使関係、雇用、職業訓練、社会保障などの社会問題全般の分野に及び、近年はディーセント・ワーク（働きがいのある人間らしい仕事）を提唱しています。

そのＩＬＯが、序章でも述べた通り、二〇一九年に設立一〇〇周年を迎えるにあたり「仕事の世界における暴力とハラスメントの根絶に関する条約」を準備していました。

各国で俳優の待遇の改善を実践した海外のレジェンドたちの前で「日本の芸能界でハラスメント対策をします！」と宣言したものの、正直まだハラスメントという言葉も浸透していない日本の芸能界で、どうやってきっかけを作ったらよいのか皆目見当もつきませんでした。

そんなとき、長年、出版業界のユニオンでいじめや嫌がらせの相談を受けていたBさんから「これは千載一遇のチャンス。日本でもハラスメントに取り組まざるを得ない状況になるわよ」と聞いて、こんな幸運はまたと来ないだろうと思い、背中を押された気持ちになりました。

ハリウッドでは#MeToo運動が騒がれていたものの、日本では声を上げられる人が滅多にいない状況でした。それでも国際条約ができたら、きっと勇気を出しやすくなるに違いないと確信して、このチャンスを絶対に逃してはならないと思ったのでした。

諸外国のハラスメント調査

ＩＬＯの加盟国は各々の国でハラスメント防止に向けた法律の整備をするために着々と準備を進めていました。諸外国の俳優などの芸能関係の組合はハラスメントに関する実態調査アンケートを始めました。

- 二〇〇七年と一二年に、カナダ俳優協会（ＣＡＥＡ）は「安全で敬意のある職場」をテーマにアンケート調査を実施。
- 二〇一四年には、イギリスの俳優組合がいじめとハラスメントの調査を実施。
- 二〇一六年には、アイルランドの俳優組合はセクシュアル・ハラスメント調査を実施。
- 二〇一七年には、オーストラリアのメディア・芸能・芸術団体（ＭＥＡＡ）は舞台芸術におけるセクシュアル・ハラスメントの調査を実施。
- 南アフリカの女性団体（ＳＷＩＦＴ）は、映画とテレビ産業におけるジェンダー格差の調査を実施。

これらの調査から、世界中の芸能界のハラスメントが明らかになりました。男女ともにハラスメントの被害があることや、本番よりもリハーサルのほうでハラスメントの起こる確率が高いこと、被害後のダメージが深刻で精神疾患の発症率が高くなり、仕事を辞める人も多いことなど、ゆゆしき事態が共通する課題として浮かび上がりました。

ハラスメントなどを撲滅するための「行動規約」の策定

調査をした各国の団体は、その結果にもとづいて早速改善に向けた取り組みを始めました。調査結果から得られた多くの被害実態に即して必要な対策を盛り込んだ行動規約(Code of Conduct)を策定したのです。この動きは国を越えて広がっていきました。

二〇一八年にまずカナダの俳優組合(ACTRA)が「ハラスメントといじめと差別と暴力を防止するための行動規約」を策定しました。ハラスメント行為者の数が多かったプロデューサーや監督に行動規約を守ると誓う署名を求め、数百にのぼる同意を得ました。

フランス語が公用語であるカナダのケベック州の俳優連盟(UDA)では、互助団体L'APARTEと合同でフランス語による行動規約を策定しました。

アイルランドでは、劇場で使用するための行動規約を、南アフリカの俳優組合は利害関係者との行動規約を策定しました。

アメリカの映画俳優の組合は、セクシュアル・ハラスメントを定義して、敵対的な職場環境やハラスメントを告発した者への報復などを禁止する行動規約を策定しました。ブロードウェイの舞台俳優の協会は、「リスペクトに満ちた職場に向けた規約」を策定しました。

イギリスの俳優組合は、テレビ業界におけるいじめや嫌がらせの撲滅のための規約を策定しました。

次々とこのような動きが連鎖していきました。これらの動きは各国政府のハラスメント防止の法整備の後押しになったに違いありません。

ＩＬＯは「仕事の世界における暴力とハラスメントの根絶に関する条約」の採択に向けて着々と進み、世界中から加盟国の代表が集まりました。日本でも厚生労働省が男女雇用機会均等法を改正してセクハラ防止対策の強化に向けて動き出しました。

しかし、私にとって想像し得ないことが起こりました。男女雇用機会均等法は雇用された労働者を対象とするため、フリーランスである芸能人は除外される方向で審議が始まったのです。法律の立て付けの理由で仕方のないことではありますが、納得がいきません。同じ人間なのに、暴力やハラスメントから守られないフリーランスとはなんなのか。許しがたい怒りと悲しみを感じました。フリーランスにも真っ当な人権がほしい、そう魂が叫んだのを感じました。

立法のためのアンケート

ハラスメント防止措置はフリーランスに適用しない、とされたことが私の心に火をつけました。芸能関係者のほとんどに、権利や法律の保護がないことは感じていましたが、国際条約による権利すら対等に与えられないことには憤りを覚えました。

海外の俳優やスタッフがUNION STRONG!という掛け声のもとに集まり、一致団結してデモをして頻繁に政府に訴え、どんどん法律を作っています。最低限の法律を作って地位を高めないと、どんどん権利が失われていくように感じます。

このようにハラスメント防止措置の対象になるかならないかの瀬戸際で岐路に立たされた私は、これまでデータがなかったことに甘んじてはいけないと心に決めました。ハラスメント被害の事例を把握して、政府に数字で被害の事実を示せなければ、政府は動かない、いま動いている世界の波に乗り遅れてしまう。この千載一遇のチャンスを逃してしまっては、今後私たちが保護されるのは遠い未来になってしまう……。

大きな山が動かずにどっしりと目前にあるのを感じました。長い間ここに居座り、私たちの自由と権利を阻んでいた原因が目に見えました。これを動かさないと、私たちは本当の意味でありのままの自分を表現する芸術や芸能ができない。このままでは未来がない。

そこで私はジェンダーや統計を専門とする研究者の方々に頭を下げてアンケートの取り方に

ついて教えを乞いました。学べば学ぶほど、立法のためには被害の事実をデータ化することが必要であることがわかってきました。

被害があるからルールを作らなければならない。しかし、そのためには、政府や国民の誰もが立法の必要性に納得する必要があります。どう見ても法律が必要だと思うほど事例がたくさんなければならないのです。それを数字と事例で表現しなければならない。

逆に言うと、これまでデータがなかったから、法律に守られなかったと言っても過言ではありません。私はアンケートの重要さに目覚めました。

いくら俳優として表現力があって、セリフや役柄を見事に演じても、ここでは意味がありません。今は数字と事例で表現しなければならない、そう腹をくってアンケートに取り組み始めました。

日本の芸能界のアンケート事情

これまで日本の芸能界についてのアンケート調査はほとんどありませんでした。芸能人は仕事上の守秘義務を課されるケースが多く、アンケートがあっても回答することに気後れする空気がありました。そのせいで実態が顕在化するのがいっそう困難になったのかもしれません。

ところが近年インターネットが進んだことで、紙の回答用紙を回収したりファックスや郵便でやり取りをしたりしなくても、気軽に調査ができるようになりました。プライバシーを気にする芸能人でも、個人情報が追跡できない設定のオンラインなら、クリックして回答を選んでもらうだけで、データ収集が簡単にできます。

このようなメリットのあるインターネットのアンケートならば、タブー視されて答えづらいであろうハラスメントの調査が実現可能になると判断しました。

芸能におけるハラスメントの類型

二〇一八年に厚生労働省は、パワハラを含んだハラスメントを明確に定義しました。大きな特徴はパワハラを六類型に分類していることです。これは世界に例のない分類方法でした。

芸能分野にはパワハラは色濃く残っています。独特な徒弟制度が残っているため、技術を継承する場合などに優越的な関係が生まれやすく、指導中に勢い余って手が出たり暴力が発生してしまうこともあるでしょう。長時間労働をさせられて疲れていたら、イライラして怒鳴ってしまうこともあるでしょう。

したがってアンケートには相当数の回答があるだろうと予想していましたが、一方でなかなか答えづらい気持ちを察して、答えやすいように六類型のそれぞれに該当する具体例を、芸能分野にありそうな内容を質問に入れ込んで、イエスかノーで直感的に答えられるようにしました。

パワハラの類型は六つあります。

- 第一類型　身体的な攻撃――［暴行・傷害等］
- 第二類型　精神的な攻撃――［脅迫・名誉毀損《きそん》・侮辱・酷い暴言］［性的なうわさを流された］
- 第三類型　過大な要求――［不要・遂行不可能なことの強制］［身体的な危険を伴うことをさせられた］［脱いだら仕事が増えると言われた］［同意なくヌードを撮られた］
- 第四類型　人間関係からの切り離し――［無視］
- 第五類型　過小な要求――［「男のくせに」「女には仕事を任せられない」などと言われた］
- 第六類型　個の侵害――［酒席でお酌・デュエットなどの強要］［仕切りがないところで着替えをさせられた］［性的指向や性自認を話題にされた・からかわれた］［トイレがなく野外での排泄《はいせつ》を余儀なくされた］

これらの言葉を自分で書くとなると躊躇《ちゅうちょ》しそうな内容ばかりですが、○か×かチェックするだけで答えられる形式にしたところ、四一八人のうち最大八三・○%の方からイエスの回答が得られました。

マタハラについての質問文

マタハラについても、パワハラと同様に現実にありそうな事例を質問文に入れました。たとえば、「産休・育休・介護休暇の取得を拒否・嫌がらせ」をイエスかノーで質問して制度等の利用への嫌がらせを聞きました。また、「妊娠を告げたら仕事を切られた」という質問では状態への嫌がらせを聞きました。

これらの質問はハラスメントを具体的に認識できるように促す意図もありました。まだマタハラという言葉を知らない人もいるし、マタハラを受けていることに気づかない人もいるからです。アンケートにはこのような気づきに導く作用があることもわかりました。

アンケートの構造を工夫する

感性が豊かな芸能関係者に回答してもらうために、アンケートに答えるときに侮られないような工夫も必要だと思いました。

芸能従事者は、感受性が豊かでアーティスト気質の人がほとんどです。演者もスタッフも感覚と直感力に優れています。特に脚本のセリフの裏に込められた気持ちを読む読解力は、抜ん出て優れています。

その反面、おもしろ味のない事務的な文章には厳しい評価をすることも多分にあります。つまりアンケートの文章が表面的だったり稚拙だったりすると、興味を持たれずに答えない可能性が大きいと思いました。

そこで私が工夫したのが、アンケート全体の構成です。ドラマの基本である起承転結の構成にすることでリズミカルに次の質問に進めるように考えました。さらに伝統芸能の基本である「序・破・急」の段階を踏むことで、最後に用意した自由記述に向かって、自身の被害を書く勇気を段階的に膨らませ、躍動感を持って勢いで気持ちを吐露できる効果を狙いました。

•「起」――最初から三番目あたりまでは、属性に関する一般的な質問

・「承」――四番目以降に、同じ状況下にいる同業者にしかわからない親和性を感じる質問
・「転」――中盤で、意外性を持たせた質問で、本質に迫る内容に切り込む
・「結」――「承」での親和性による連帯感を持ちつつ、「転」で提起された問題を共有しながら、自己主張を促すような内容

以上のような流れを作ることで回答後に問題意識を再確認しやすく、被害感情などを昇華できるような仕組みを狙いました。

それによって芸能界で身に付いている起承転結の感覚が回答数の多さと自由記述の書きやすさに結びついたかもしれません。

アンケート終了後には繋《つな》がりのない人とも集計結果を共有し、回を重ねるごとに、潜在的に仲間意識を感じることで、安心して答えられる状況を意識的に作りました。このような工夫をこらしてタブーとされたハラスメントのアンケートに取り組みました。

無記名で思いを伝えられることは、被害を告発すると仕事を失う恐れを抱かざるを得ないほど狭い業界にいる芸能人にとって、この上ない安心感を与えたことでしょう。この方法も諸外国が実施したアンケートから発想を得ました。

具体的な被害の実態

二〇二二年に実施したアンケートでは、回答者の職業の属性を分野別に整理しています。そこには二つの試みがあります。

一つ目は、それまでの調査で芸術と芸能の境が曖昧で答えづらい方がいるため、両方を併記するようにしたこと。二つ目は、芸能界に隣接するメディア業界にハラスメントの加害者と被害者が交錯したケースが多く見受けられたことから、メディア業界の方も対象にしたこと。

その結果、各業界においてハラスメント行為が多いのは次のような職業の方々だったと回答されました（複数回答、四一七名）。

1　監督・演出家・スタッフ　二四六名（五九・〇％）
2　上司・先輩・マネージャー　二四五名（五八・五％）
3　同僚・後輩・同業者　一六〇名（三八・四％）
4　プロデューサー・キュレーター　一〇四名（二四・九％）
5　発注者・取引先・クライアント　一〇二名（二四・五％）

6　経営者　五〇名（一二・〇％）
7　取材対象者・監修者・著者等　三四名（八・二％）
8　評論家　二〇名（四・八％）
9　スポンサー　一五名（三・六％）
10　コレクター　六名（一・四％）

以上の回答は、たとえば映画、演劇、音楽、テレビ番組、ドラマ、美術、文筆、出版、舞踊、コマーシャル、新聞などの多種多様な分野から寄せられました。このような回答は、受注形態が複雑化した業界の構造を感じさせる結果でもあります。

被害内容はセンシティブな内容を含むので回答しやすい質問にしました。具体的な被害をハラスメント類型別に質問した結果は、多い順に次のとおりです（複数回答、四一七名）。

1　精神的な攻撃［脅迫・名誉毀損・侮辱・酷い暴言］　三四六名（八三・〇％）
2　容姿・年齢・身体的特徴について話題にした・からかわれた　二三八名（五七・一％）
3　過大な要求［不要・遂行不可能なことの強制］　二三三名（五五・九％）

4　性経験・性生活の質問・卑猥《ひわい》な話や冗談　二一一名（五〇・六％）
5　人間関係からの切り離し［隔離・仲間外し・無視等］　二〇七名（四九・六％）
6　プライベートへの詮索・過度な立ち入り　二〇一名（四八・二％）
7　不必要に身体に触られた　一四八名（三五・五％）
8　過小な要求［職能・経験・能力とかけ離れた仕事をさせた・仕事を外した］　一三二名（三一・七％）
9　食事や交際をしつこく求められた　一二〇名（二八・八％）
10　経済的な嫌がらせ　一一八名（二八・三％）
11　「男のくせに」「女には仕事を任せられない」などと言われた　一一七名（二八・一％）
12　身体的な攻撃［暴行・傷害等］　一一一名（二六・六％）
13　性的関係の強要　一〇六名（二五・四％）
14　酒席でお酌・デュエットなどの強要　一〇二名（二四・五％）
15　ホテルの部屋や自室・酒場に呼ばれた　九九名（二三・七％）
16　性的なうわさを流された　六九名（一六・五％）
17　身体的な危険を伴うことをさせられた　六九名（一六・五％）

18　性的指向や性自認を話題にされた・からかわれた　六二名（一四・九%）
19　仕切りがないところで着替えをさせられた　五四名（一二・九%）
20　出先・住居等までつけまわされた［ストーカー行為］　四七名（一一・三%）
21　レイプ［同意のないセックス］をされた　四六名（一一・〇%）
22　脱いだら仕事が増えると言われた　四〇名（九・六%）
23　性器・自慰行為を見せられた　三一名（七・四%）
24　産休・育休・介護休暇の取得を拒否・嫌がらせ　二九名（七・〇%）
25　ヌード写真を見せられた　二四名（五・八%）
26　同意なく露出の高い衣服を着せられた　二一名（五・〇%）
27　妊娠を告げたら仕事を切られた　一八名（四・三%）
28　トイレのない場所での野外での排泄を余儀なくされた　一七名（四・一%）
29　同意なくヌードを撮られた　九名（二・二%）

これらは非常に言いづらい内容です。多くの方がよく答えてくださったと感動しました。

ハラスメントマップが描けてきた

アンケートの回答を分析する過程で、具体的なハラスメントの種類や発生場所、行為者の属性などに規則性が見られることがわかり、全体の構造の中で、どの現場でどういった被害が起こりやすいのか、おおよその分布が把握できるようになってきました。いわゆる「温床」と言われるシチュエーションが想像できるようになってきたのです。いわばハラスメントマップが描けるようになってきました。

被害が起きているハラスメントの種類は次のとおりでした（複数回答、四一一名）。

1　パワー・ハラスメント　三八三名（九三・二％）
2　セクシュアル・ハラスメント　三〇二名（七三・五％）
3　モラル・ハラスメント　二五六名（六二・三％）
4　セカンド・ハラスメント（二次被害）　一四三名（三四・八％）
5　アカデミック・ハラスメント　八五名（二〇・七％）
6　マタニティ・ハラスメント　七五名（一八・二％）
7　カスタマー・ハラスメント　七四名（一八・〇％）

いずれもあまりにも甚大な数字で驚くばかりです。一方で現場にいる身としての肌感覚では納得のいく数字で、この程度は起こっているだろうと感じます。やはりデータになると客観的に考えられると実感します。

被害者の声

自由記述に寄せられた被害事例には次のようなものがあります。

●パワハラの声

「『わきまえろ！』と暴言を吐かれた」

「撮影現場で四六時中、怒号や怒声が鳴り響く」

「演出家にカバンで殴られた」

「二、三〇人の受講生がいる前で、平手打ちをされた」

「グループLINEで『使えないやつ』と言われた」

「電話で『クズ、役立たず』などの暴言を吐かれた」

「髪の毛をつかまれて部屋中を引きずり回された」

●セクハラの声

「ドラマの衣装合わせで、仕切りをつけてもらえず下着を見られたくなくて恥ずかしがっていたら、「女優の○○さんは堂々と人目を気にせず脱いでいた。女優はそうでないと」と言われ、下着を脱ぎ裸を数人に見られた」

「脱ぐ演出を強要された」

「仕事で激しい絡み（ラブシーン）が多く、彼女にトラウマを植え付けてしまった。（絡みがしたくて）役者をやっていたのではない」

「合宿先で無理矢理セックスをされた」

●モラハラの声

「友達家族との連絡を禁止」

「「お前と芝居をやりたいと思っている人はいない」と否定される」

「稽古場でみんなの前で演出家が特定の俳優のパフォーマンスを徹底的に罵倒し、精神的に追い詰めて降板に至らしめた」

●マタハラの声

「妻の妊娠のため、公演の参加回数を減らしたい、次回公演を休みたい、と申し出たら拒否された」

「面倒くさいから妊娠しないでね、と言われた」

●優越性のあるハラスメントの声

「ノーギャラでの脚本執筆依頼」

「大学のゼミの担当教員によるアカハラ」

「展覧会キュレーターによるセクハラ」

「演出家にマッサージを頼まれてホテルの個室や自宅に行かなければいけなかった」

「演劇の現場で、演出家に高圧的な態度を取られ精神的に追い込まれた。その後、約三年にわたりフラッシュバックが起き不安定な精神状態が続いている。しかも出演料が支払われなかった」

「酒席の死角でディレクターに抱きつかれキスを強要された。無名俳優だから手を出しても問題にされないだろうと見下されているようでした」

「フリーランスの立場なのだから「仕事が欲しいなら従え」とレイプされた」

どれも壮絶な内容で目を疑う読者もいらっしゃると思いますが、日頃受ける相談内容や見聞きしていることから考えると、事実かどうか疑う余地はありません。

問題は相談先がないこと

ハラスメントが減らないことの大きな要因として、相談先がないことが非常に大きいと考えられます。

ハラスメントを受けたとき誰に相談したかを質問すると（複数回答、二五一名）、ほとんどが家族・友人・知人（六五・七％）、所属先・現場の関係者（五〇・二％）でした。専門家（医師カウンセラーなど一三・一％、弁護士・社会保険労務士八・〇％）、第三者機関である自治体などの相談機関（六・四％）や、労働組合や所属する団体（六・四％）、警察（四・四％）に相談した人は限られています。解決につながりやすい、加害者が所属する会社などの相談窓口に行った人も五・六％と非常に少ないです。

相談しなかった理由は（複数回答、二五五名）、相談しても解決しないと思った（六六・七％）や、相談することで人間関係や仕事に支障が出ることを恐れていたり（六三・五％）、不利益をこうむる恐れをもつ人が約半数（四七・八％）いました。そもそも相談先がわからなかったり（三六・五％）、被害による精神的ショックから話せる状態になかった人(二五・九%)や、証拠がないから諦めた(二一・六%)といった人も多いです。

被害が多いわりに相談できていないことが非常にアンバランスで、解決の糸口がなかなか見えない実態が明らかになりました。

実態に応じた対策の案

では、どうしたらよいのか。回答(複数回答、四一六名)にはハラスメント防止対策や解決方法の提案として、ハラスメント研修(六七・三%)や相談窓口の周知(六四・二%)、契約書の明示(五六・五%)などがありました。他にも発注側に相談できる窓口を設置する案(三八・〇%)やアンケート調査の実施(二八・八%)を求めています。

たとえば、「抜き打ち調査や個別の聞き取りをする」「こういう業界だからという内外のイメージを払拭する」「規則や労働基準を明確に決めておく」「加害者の氏名の公表」「アンガーマネジメント講習の実施」「メディアを横断的に監査する仕組みを作る」「加害者の報酬の減給や解雇」「加害者に病的症状である場合は加療を義務にする」などの意見もありました。

被害者への支援として希望されていることには(複数回答、四一五名)、秘密が守られる相談窓口(八一・二%)や、相談による不利益や報復を受けないルール作り(七九・〇%)、調査機関の設置(六八・四%)などの声が多いです。

また、カウンセリング料金の保証(六一・四%)や、被害に対する補償(医療機関の受診・休職)を求める声が多く(五九・八%)、休業補償(四八・四%)や、復職の保証(四六・〇%)も求められています。

重篤な被害でメンタルを病み、自死された方もいることから当然の要望と思います。

調査の効果

芸能界のハラスメントの調査結果は非常にセンセーショナルで、公開すると大きな話題になりました。その後、芸能界にハラスメント事件が起こるたびに、新聞などで引用されました。先にも述べたように、かつてフリーランスは男女雇用機会均等法に定めるハラスメント防止措置の対象外とされました。ＩＬＯは「仕事の世界における暴力とハラスメントの根絶に関する条約」を採択したものの、日本は条約が求める国内法にハラスメント行為の禁止規定を作らなかったことで条約を批准できていません。二〇一九年の国会では衆議院と参議院ともに附帯決議がつけられ、フリーランスと就活生、教育実習生は労働者に準じて保護されることが望ましいと記載されるにとどまりました。

多くの方が勇気をもって回答してくださったアンケートを政府に手渡して「こんなに困っている人がいるんです。どうかお願いします」と平身低頭に頼みましたが、壁を乗り越えることはできず、労働者ではなくフリーランスであることを理由に、ハラスメント防止措置の対象にはなりませんでした。こんなに言いづらいことをアンケートに告白してくださった回答者に申し訳ない思いでいっぱいで、一人一人に会って謝りたい気持ちでした。

その後、こういったアンケートは少しずつ増えていきました。米国の #MeToo のようにいきなり大きな運動にはなりませんでしたが、当事者たちの心を動かすことはできたのではないかと感じています。

第3章　コロナ禍に何が起こったか

非常に残念なことですが、芸能人の自死は少なくありません。二〇二一年から二三年の芸能業界の調査で自死願望がある人の割合を調査すると、なんと三二・五〜五三・三％もの多くの人たちが「仕事が原因で死にたいと思ったことがある」と答えています。著名な方の自死は話題を呼びがちなので、読者も報道を見聞きしたことがあると思います。

著名人の自死は社会的影響が大きく、自死報道の後に全体の自死者数が三〇％も増えてしまうことも明らかになっています。

これまで述べた就業環境からストレスが起きる要素はあるだろうと想像できますが、予防策が講じられたことはなかったようです。
本章では芸能人の自死とストレスの実態、その原因を考えたいと思います。

コロナストレスの弊害

コロナ禍は芸能界で働く人たちに甚大なストレスを与えました。この非常時は芸能分野の社会的な立ち位置、収入面などの脆弱《ぜいじゃく》な生活基盤、芸能界に特徴的な取引の形態、芸能人独特のセンシティブな感覚などの問題を浮かび上がらせました。二〇二四年現在でもその影響が完全に払拭されてはいませんが、どれほどのストレス要因があるのか、経緯をたどりながらおさらいをしたいと思います。

二〇二〇年二月二六日、コロナの感染拡大防止のため、当時の安倍晋三内閣総理大臣は対策本部において「多数が集まる全国的なスポーツ、文化イベント等の、中止、延期又は規模縮小等の対応を要請する」(以下、自粛要請)と発表しました。

これにより演劇や映画、コンサート、ライブハウス、スタジオでの収録など、あらゆるエンターテインメントの仕事は中止または延期を余儀なくされ、ほとんどの人々が仕事ができない状態になりました(内閣官房調査)。この自粛要請の後、わずか三週間で約五六〇〇回の公演ができなくなり、約五二二億円もの甚大な損失が算出されたそうです。

影響が出たのは芸能だけではありません。生活に関わるほとんどの店舗も閉鎖となり、学校は臨時休校やオンライン授業に、会社はテレワークになるなど、前代未聞の事態に陥りました。

芸能人は年俸制や月給制ではなく、成果物を納入しないと収入が得られないフリーランスの人がほとんどのため、生活に困る人が続出しました。

しかも業界の慣例でキャンセル料は支払われないため、持ち出した経費が精算できず、赤字になったまま無収入となってしまいます。そういった特殊な事情が理解されていないまま行われたコロナの自粛要請は、多くの芸能人に致命的な打撃を与えることになってしまいました。

日に日に不安やストレスが充満するのを見ていられず、私は一日も早く政府に状況を伝えて芸能人の保護を要請しなければならないと思い、緊急実態調査アンケートをしました。

そのとき寄せられたアンケートには「経済苦で死にそう」「スケジュールが白紙」「このままでは生活できなくて死にます」「お金がない」「このまま自粛が続いたら死にます」「毎日毎日不安です」「いつ家を追われてしまうのかとても不安です」「このままでは人生が死んでしまいます。どうか我々の業界を救ってください」など、想像を超える悲痛な声が溢れました。

政府の対応

フリーランスには生活保障がないため、当然ながら雇用保険がありません。もちろん、フリーランスだけでなく、コロナは全国民の生活を根底から揺るがすものでしたが、会社員の場合、テレワークで仕事をして雇用や賃金も無事に維持された方も少なくなかったと思います。フリーランスの芸術・芸能関係者は、コロナ禍で収入が半分以下になった方が五八％でした。五年を過ぎてもコロナの影響は甚大で、閉館してしまった老舗《しにせ》の映画館やミニシアターがあったり、残ることができても客足や収益が完全に回復せず、収入は不安定なままとなっています。

自粛要請が出されてすぐ、経済産業大臣、厚生労働大臣、公正取引委員会委員長から「新型コロナウイルス感染症により影響を受ける個人事業主・フリーランスとの取引に関する配慮について」という通知が出されました。コロナ禍で仕事がおぼつかない個人事業主・フリーランスと取引を行う発注事業者に対して取引の適切な配慮要請を行うものでした。

その通知文のはじめに、「(フリーランスは)元来事業基盤が弱く、収入の減少が生活基盤の悪化に直結しやすい」とありました。まさにその通りで年間を通した仕事がほとんどない芸能従事者は、その日暮らしとは言わないまでも、その月暮らしで精一杯の方も多いと思われ「収入の減少が生活基盤の悪化に直結しやすい」のは的確な表現だと思いました。

さらに通知文には「取引の相手方が、十分に協議することなく、適正な費用負担なしに一方的に契約を変更・解除した旨の相談が寄せられています」とありました。私たちの業界では制作プロデューサーやマネージャーから「コロナだから」の一言で撮影や公演が無くなり、延期するにしてもいつになるかわからず、それまでにかかった経費も精算できないまま、ただコロナ禍が収束して復活するのを待つだけ、という方が多かったでしょう。

通知された取引上の配慮の具体例は三つありました。

報酬額や支払い期日などについて、①新たな取引条件を書面等により明確化するなど、下請振興法、独占禁止法などを踏まえた適正な対応を行うこと、②できる限り従来の取引関係を継続し、あるいは優先的に発注を行うこと、③風邪やコロナの症状、あるいは環境変化を理由とした納期延長をフリーランスから求められた場合には、できる限り柔軟な対応を行うこと。

これらは当然必要な配慮だと理解できます。しかし、芸能界の場合、そもそも契約書すら書面にしていなかったり、キャスティングやスタッフ構成は一度解散してしまうと各々個別に動いているため、二度と同じメンバーをそろえることは不可能です。通常時でも、プロジェクトの構成員が一〇〇人単位の芸能の制作現場では、多少風邪の症状があったくらいでは休めないものと思いがちです。コロナ禍ではＰＣＲ検査を受けないようにと言われた現場もあったそうです。そうでもしないと仕事ができないのが常識の芸能界で、このお手本のような通知が遵守されることは夢のまた夢に近いです。

立場の弱い芸能関係者は、取引のことで発注側の人に物申すことはしにくいだろう――そう思い、この通知についてのアンケートを取ってみました。すると、この通りに言えたという人は一％もいませんでした。せっかくフリーランスが対象となった通知であるにもかかわらず、残念なことです。

欧州の手厚いコロナ政策

一方、欧州ではコロナ当初の二〇二〇年三月からすでに、各国の政府や芸能団体が非常に多様で工夫を凝らした保護策を取っていました。私はコロナ禍に幾度となく開催された芸能関係者のオンライン国際会議で各国の手厚い保護政策を聞きましたが、目から鱗《うろこ》が落ちるような素晴らしいものばかりでした。

次に紹介するのはそのほんの一部です。これだけでも国をあげてどんなに芸術家を支援しているのか、ご理解いただけると思います。

【オーストリア】
・文化機関が社会保障拠出を延期
・健康保険基金が保険料の納付の延期と延滞利息を免除
・保険組合が多大な損害や著作権使用料を損失した音楽の著作権者のために総額一〇〇万ユーロの文化災害基金を設立
・コロナ拡大防止のための暫定措置に関する連邦法を制定
・ウィーン市がフリーランスのアーティストに労働助成金として三〇〇〇ユーロを支払う
【ベルギー】
・映画やアニメ等の映像分野の若い世代のアーティストに支援金の支払いを延長
【スイス】
・文化分野のコロナ条例第四項としてアマチュア音楽と演劇協会にイベントのキャンセル・延期の費用を補償
・文化協会に一協会あたり最大一万スイスフランを支給
【ドイツ】
・著作権使用料を前払い

・総額五〇〇億ユーロの支援パッケージで、個人事業主のアーティストに納税を延期
・金融省が自営業者の所得税、法人税、売上税などを免除
・著作権使用料を前払い

しかも、これらはほんの一握りの措置で、こういったあらゆる面からの支援が数年にわたって続けられていました。実際にフランスに移住していた日本人俳優からは、継続的に三年ほど月額二〇万円を支給されていたと聞きました。

欧州では、政府が平時から認定している芸術家には失業手当のように定期的な支払いが認められていることが多かったため、ライフラインは確保され、生活に困ることはなかったようです。日本とは比べ物になりません。

それでも、欧米の多くの芸術家は表現活動ができないことで精神的にダメージを受けていました。オンライン会議に俳優や音楽家が集まると、苦悩の言葉を吐露していました。そこで俳優の組合は、メンタルヘルスの維持のために、会員にオンラインでのカウンセリングを提供していると聞きました。一歩も二歩も先を進んでいる欧州の政府の取り組みは羨ましい限りで、私はこれといって何も発表することができなくて恥ずかしい思いをしました。それに引き換え、

俳優のメンタルヘルスケアまで行き届いた支援をしている海外の団体には頭の下がる思いでした。

　このまま対策を取らなければ、コロナ禍が収束した後、俳優の演技力や収益の回復に大きく差がついてしまうだろうと、危機を感じました。

自粛一〇カ月の声

その一方で日本では、住宅確保給付金や小学校休業等対応支援金など、少しずつ貸付けや補助金はあったものの、抜本的な救済となる施策にはたどりつきませんでした。

だましだまし公演を打ったり、小規模なクルーで注意深く撮影をしても、突発的に感染者が出てしまうと、プロデューサーや主催者は赤字を背負って中止や延期をしました。

　上演の企画を躊躇する理由に、「出演者やスタッフの感染のリスクへの懸念」を挙げる声が約五〜七割にものぼるのは良心的としか言いようがありません。そんな状況で、ライブ・エンターテインメント分野は、収益が前年の約八割減となるほどの大打撃を受けてしまいました（ぴあ総研の調査）。

　他方で政府から「不要不急の外出は自粛するように」と注意喚起されていたことから世論で

は「文化芸術は不要不急」とみなされてしまいました。仕事を失った多くの人たちは自分が「不要」の存在なのかと失意のどん底にいました。その当時のアンケートには悲痛としか言いようのない声が二六六三件も寄せられました。


「生活ができない」

「家賃等の固定費を考えた補償が必要」

「緊急事態宣言を出すなら給付金を下さい」

「ストレスしかない」

「個人事業主としてここまで不利な扱いをされるのがしんどい」

「(助成金の)振り込みが遅すぎる。そんなんじゃ人は簡単に死にます」

「コールセンターのバイトをしたら「どうしたらいいの?」と電話口で二時間泣かれたことがありました。私も死にたいです」

「人の命を守ることを最優先に進めてほしい」

「コロナに感染しなくても、死んでしまうのではと思う」

「死にたい」

「仲間が自死しました。希望が持てる政策を」

「このままではアーティストは死にます」

コロナ禍当初のアンケートから「死」という言葉が異常に多いことが心配で仕方がなく、ずっと胸を痛めていました。

第七波の追い打ち

コロナによる自粛要請から二年四カ月経った二〇二二年七月頃、公演などの中止か延期の経験は九二・一％に達し、ストレスを感じている人が九八・三％にまで上りました。

公演の初日にＰＣＲ検査で一人でも感染者がいれば中止か延期の判断をせざるを得ません。廃業した人が後を絶たず、映画館や劇場、ライブハウスが閉館にまで追い詰められた例も少なくありませんでした。

舞台俳優や音楽家、舞踊家などステージに立つ演者やスタッフからは次のような絶望の声で溢れました。

「お客様へ作品を届けたいので届け続けているが、会社の資金も個人の資金も減る一方で、どうしたらよいか、わからない」

「しんどい」

「毎日死のうかと思うくらいに追い詰められている」

「無症状でも一人でも陽性者が出たら公演はただちに終了。莫大な赤字を負った。辛すぎる」


第七波の頃（二〇二二年七〜九月）の調査ではコロナ禍当初からあった「不安」「死」に加えて、「虚無」「絶望」の文字が堰《せき》を切ったように噴出しました。「精神面でだんだん苦しくなってきました」「先行きが不安。自己責任で働くことは心身共に限界」など、危機的な状況でした。

この頃は、他の産業はほとんど回復して少なくとも収入はなんとか持ち直していた時期でした。しかし芸能分野は大人数の共同作業でしかもライブ芸術は観客と対面する仕事であることからどうしても感染しやすく、一度でも感染爆発を起こすと収束後も風評被害に遭うなど、ダメージが甚だしく、いつまでも追い打ちをかけられるように痛め付けられました。

芸能人のストレス

ストレスの原因は、厚生労働省によると「外部から刺激を受けたときに生じる緊張状態のこと」です。

外部からの刺激とは、次の四つです。

①天候や騒音などの環境的要因
②病気や睡眠不足などの身体的要因
③不安や悩みなど心理的な要因
④人間関係がうまくいかない、仕事が忙しい、などの社会的な要因。

そこで、芸能業界で日常的にあるストレスの要因は何なのか考えてみます。

環境によるストレス

芸能の仕事場はコロコロ変わります。ロケの撮影のために遠くへ行くことがあれば都内のイベントに出演したり、リハーサルは少し郊外のスタジオで行い、本番は都心の劇場やホールだったりと、毎日の勤務先は定まりません。通勤災害が六割程度起きていますが、不慣れな通勤路はストレスを生みやすく、事故が起きやすいと言われます。毎日同じ会社に通勤するサラリーマンの方には想像がつきにくいかと思います。

一般的に天候や騒音などの外部からの刺激はストレスの要因とされていますが、脚本で舞台に指定されている場所が海、山、川、滝などであれば、実際にそこへ行って撮影をせざるを得ません。南極の物語もあれば、インドのような暑い国の話もあり、好むと好まざるにかかわらず仕事であれば行かなければなりません。

屋内であって、劇場やホール、スタジオの規模は集客数によって様々で、座席が数十人の小劇場から数千人のスタジアムもあります。その大きさや高さなどによって危険度や危険の種類が変わってきます。

お客さんとしてコンサートなどで音を楽しむのは良いとしても、仕事で毎日大きな音を聞いていると、騒音としてストレスになります。また劇場やホールでの公演の仕事が日常になると、昼間からずっと暗い場所にいることになり、日光をほとんど浴びないことで、自律神経にも影響があると言われています。

身体のストレス

身体にかかるストレスは意外に多岐にわたります。睡眠不足、不規則な食事、トイレを我慢しがちなことや、更衣室がないことも毎日の着替えのたびにストレスになるでしょう。寝不足がストレスにつながるのは容易に想像できますが、平均六時間以下の睡眠時間が半数を超えてしまっています（五九・二％）。「仕事の寝不足が原因で事故や怪我」という人も五〇・八％もいました。

「徹夜して本番をした帰りにあまりにも疲れていて、家の前で、車で塀にぶつかった」「通勤中、睡眠不足による追突事故を起こした」などの事故例がアンケートに報告されています。

経済的ストレス

労働環境についての悩みは、八五・〇％が不安だと感じています。相談窓口に関するアンケートで一番相談したいことに五二・九％が契約のことを挙げています。長時間の肉体労働などの過重労働に見合わない、低い報酬額についての指摘が多いです。

収入が全体的に少なく、平均すると年収三〇〇万円以下が半数以上になっています。低収入は努力不足と勘違いしがちで、当事者自身がそのように思い込んでいますが、経費を調べると相当額の過分な負担を強いられている人が多く、経費が収入を超えている人が七〇・七％もいました。経済的なストレスが相当な負担になっていると考えられます。

そのほか、アンケートにはクレジットカードが作れない、住居の賃貸契約の入居審査が通らないなどの声も寄せられています。

交通費も自己負担

個人事業者は原則経費を自己負担することになっています。この点が会社に雇用されている労働者と大きく違う点です。調査をしたところ、八八・四％が仕事上の交通費を自己負担していました。

アンケートには次のような声が寄せられました。

「交通費や宿泊費、打合せでの飲食が自己負担」
「仕事をすればするほど赤字になる」
「どれだけ仕事を複数かけ持ちしても、業務時間と移動時間の利益が見合わない」
「遠い会場でも交通費込みが慣例となっていることが多い」

「出演料が支払われるのが大千秋楽《せんしゅうらく》から二カ月後などが普通で、それまでの宿泊費や交通費が自費のため無収入期間が長く続き本当に厳しい」

「舞台の仕事では、稽古に対する謝金は出ず、その間の交通費、食費なども自腹。出演料が少ないため、赤字覚悟で仕事を受けている。それが慣例になっていることもおかしいと思う。稽古、本番中は他の仕事もできないため出演するほど生活が苦しくなっていくという矛盾した構造がある」

衣装代も自己負担

交通費の次に負担が大きいのが衣装代です。

アンケートでは六六・七％が、衣装の購入費、クリーニング代、レンタル費用が持ち出しと答えています。好きな服を経費で購入できると勘違いされがちですが、そんな悠長な話ではなく、近年ドラマや映画などの経費削減で衣装を自前で用意するケースが増えています。

中堅俳優のAさんは出演料が衣装代込みになっていて、出演するたびに新しい服を買っていると嘆いています。衣装として着用した服は別の番組では着づらいので、一度しか着ない服がどんどん増えて、実質的な報酬は下がるし負担ばかり大きくなっていくそうです。

親しいスタイリストのBさんは、有名デザイナーのメーカーに顔がきくのでタイアップやリースで最新の服をレンタルしてくれますが、汚した場合はメーカーから販売価格で請求されて、結局彼女が自腹で払わなければならなくなるので、俳優に「汚さないでね！」とよく言います。そのため食事中やロケ先のトイレで着替える時に俳優は、細心の注意を払って汚さないように気を遣わねばなりません。

アンケートからは次のような声が寄せられました。

「収入がないと衣装や道具にお金がかけられない」

「経費が経費としてどの程度の範囲で認められるかが明確でない」

「後から発生する経費を主催者が負担しようとしない。自腹が増えて報酬が目減りする……」

「衣装は一回の報酬を超える時もある」

衣装は真っ先に観客の目につくものですから、演者は一番気を遣いたいものです。いい服ほどお金がかかるものですが、そのような重要な経費を着る人の自己負担にさせられるのは辛いものです。

自己負担の資料や調査

個人事業者ならば経費で好きな本を自由に購入できると勘違いされそうですが、全く違います。たとえば、演奏家は楽譜を自己負担で購入しなければなりません。一方で、俳優はキャスティングされた出演作の役作りや時代背景を知るための資料など、専門性があるものでなければ経費になりません。

アンケートでは六一・七%が、資料及び譜面が自己負担だと言っています。

たとえば、時代劇に出演する場合、与えられた脚本だけでは時代背景がわからず、演じる役の職業、家庭環境や身分、経済状況、居住地の地域性、和服の柄や模様の意味、生活用具とその使い方などを調べて実感が湧くようにならないと自然な演技ができません。

私はかつて、テレビで放送している時代劇『暴れん坊将軍』に出演した時、脚本を読んでも、こうしたことがわからなくて調べるのが大変でした。京都の撮影所の衣装部屋には、四季折々の柄や幅広い身分にふさわしい着物がたくさんありました。熟練の衣装係が役柄に合わせてコーディネートをしますが、必ず意見を聞いてくださるので、自分も知識があると衣装合わせが楽しくなります。

歴史上の人物やモデルがいる人物を演じる場合は、関わった人との人間関係やそれぞれの人となりを知らなければ嘘になってしまいます。こういう時の俳優の役割は史実に沿ったキャラクターにふさわしい身のこなしや風貌《ふうぼう》になりきる役作りにあります。役作りのための勉強量は膨大なものになりますが、文献の資料に限界がある場合は演じるモデルの生家を訪ねたり故人なら縁《ゆかり》のある人に話を聞いたりします。遠距離でも当該地方へ足を運ぶこともあります。こういった調査の経費は、雇用されていれば会社に請求できることがあっても、個人事業者はどうしようもなく自己負担になります。

ハリウッド映画でよくあるスポーツ選手の物語では、すぐれた技法により、得意技までできるようになったり、メーキャップ・アーティストの手腕もふるわれ、髪の色や肌の色までそっくりに作り込まれていて、素晴らしい出来栄えになっていることが多いです。

日本の場合、それでも多くの人が経費を請求をしていなかったり（七六・六％）、見積もる時間がなかったり（六一・一％）、そもそも経費は自己負担するのが普通と思っているとか（七八・八％）、請求するのが怖い（二五・三％）、請求方法がわからない（一七・一％）、請求先がわからない（一一・四％）という人もいます。

収入が多くはないのに経費も自己負担を強いられるのが慣例になっているようです。タレントのマネージャーだったCさんは、「役者にいい仕事を取ろうとしてもお金が出るばっかりで収入にならない。マネージャーをやめたらストレスがなくなった。売り込みに費やしたお金は一体なんだったんだろう……」と言っています。俳優や演者のみならずスタッフにも負荷がかかってしまう芸能業界の構造そのものがストレスを生んでいるのではないでしょうか。

社会的ストレス

厚労省のホームページによると、社会との接点から生じるストレスは、たとえば人間関係がうまく行かない、仕事が忙しいなどだそうです。これを芸能業界に置き換えると大きく二つあると考えられます。

一つ目は、仕事の多くが短期間で終わってしまい、継続的ではないことで、生活が不安定になりがちなことです。

文化庁の調査では、序章で述べたとおり、「文化芸術活動に携わる方々」のうち、文化芸術団体に雇用されている人は五・四％しかなく、月給や年俸で決められた報酬を九割以上確保できている人がほとんどいません（一九・一％）。つまり、雇用形態があいまいで、継続的な仕事や収入を得られていません。そのため生活の不安が生じやすく、安定的な人間関係が作りにくいでしょう。

二つ目は、仕事量が流行り廃《すた》りに大きく左右されることです。景気がよい時は、文化やエンターテインメントにお金を費やす人が多く、企業が広告費を潤沢に使うと文化も潤う。これは芸術家や芸能人自身が望むと望まないにかかわらず大きく左右されてしまいます。国や地方によっても文化予算の規模は大きく異なっていて財政事情により減額されることもありますが、個人の力ではどうにもなりません。

コロナ禍に文化芸術が「不要不急」と言われたように、廃れてしまうこともあります。たとえば、戦時中は娯楽どころではなかったでしょう。兵士や傷病兵へ派遣された慰問団しかなかったかもしれません。

このように、自分自身の努力ではどうにもならないことから生じるストレスは潜在的に少なくないでしょう。

自死の実態

コロナによる活動自粛から七カ月を過ぎた頃、警察庁は前年の同じ時期に比べて男性の自殺率が一五・三％、女性が五四・一％も上がったと発表しました。著名な俳優などの自死も複数回報道されました。

「いのち支える自殺対策推進センター」が警察庁の自殺統計原票より作成した二〇二〇年の「自殺者数の日次推移」には、国民的に人気のある俳優と女優の自死が報道された日以後に、全国の自死者総数が、予測値と比べて大幅に増えているのを明らかにしました。

二〇一八年から約五年間に、著名な芸能従事者だけで自死報道が一九名ありました。歌手、俳優、お笑い芸人、アイドル、プロレスラー、歌舞伎俳優、映画監督など様々な職業の方々です。亡くなった年齢は、一〇代（一三・〇％）、二〇代（三一・六％）、三〇代（二六・三％）で半数を超えてしまっています。今後の後継者となる若年層の自死が多いのは悲しいことです。これは、深刻な社会問題ではないでしょうか。

ストレスのどの要因にも根深い問題がある芸能業界は、それぞれの対策を講じることが急務です。まず社会的影響のある自死を予防して、これ以上一人も命を失われないように対策を取ることが何よりも必要だと警鐘を鳴らしたいと思います。

第４章　誰にも守られない働き方

二〇歳のときから六〇年間も俳優をしていた恩田恵美子さんは、体が丈夫で、病気で仕事を休んだことは一度もなかったそうです。ドラマなどテレビ番組に毎月のように出演していましたが、二〇一七年、ドラマの撮影中の事故で右脚の根元にある転子部を骨折し、大手術と数カ月にも及ぶリハビリ入院で回復に努めましたが、俳優業を引退せざるを得なくなりました。

「俳優は労働者ではない」との理由で労基署に申請した労災保険が退けられ、「え？ こんなに働いてるのに労働者ではないの？」と納得のいかない思いをされた恩田さんは樹木希林さんがインタビューで語った「自分たち役者は肉体労働者だ」というタイトルの新聞の切り抜きを

先発 美術・衣裳・メイク・制作・演出 新宿[redacted]ビル前 6:30出発

7月4日(水) 天候 不拘 渋谷・宮益坂 7:30出発

#S	L/S	D/N	場面		1	2	3	4	5	6	7	8	9	10	11		備考
					[redacted]	[redacted]	[redacted]	[redacted]	[redacted]	日向沙奈	[redacted]	[redacted]		[redacted]	[redacted]		
					[redacted]	[redacted]	[redacted]	[redacted]	[redacted]	森崎めぐみ	[redacted]	[redacted]					
28	L	D	マンション・入口	ワタルの家	○	○	○	○	○					⑮	㉚		※8:30 SHOOT!目標
29	LS	D	同・室内	↓	○	○	○	○	○	○	○	○		㉑	㊵		
82	LS	D	同	↓			○			○	○	○		㉑			
58	LS	D	マンション・リビング	ワタルの部屋	○	○	○	○	○								
59	LS	D	同・洗面所	↓	○	○	○	○	○								
8	LS	N	同・リビング	↓	○	○	○		※窓外の夜景ねらい								
89	LS	N	同・リビング	↓	○	○											

俳優部

集合 入り 時間	場所	俳優名(役名)	出発時間	現場時間	MEMO	
	新宿[redacted]ビル前	[redacted]	6:30	6:30	※入居前のマンションにつき、汚さないように注意!!	
	↓	[redacted]	↓	↓		
	渋谷・宮益坂	[redacted]	7:30	9:00		
	↓	[redacted]	↓	↓		
8:00入り	[redacted]	[redacted]		↓		
↓	↓	[redacted]		↓		
8:30入り	↓	[redacted]		↓		
↓	↓	森崎めぐみ(沙奈)		9:30		
7:15集合	[redacted]	住民⑯管理人⑯		9:00		
7:30集合	[redacted]	住民⑤管理人⑤		↓		
8:15集合	[redacted]	友人⑰		↓		
					本日の日の出	4:31
					日の入り	19:01

図1 香盤表のイメージ

いつも持ち歩いていました。

時間も場所も指定されずに働いていると判断されたことを否定するために、撮影時に制作者から配布された詳細なタイムスケジュールが書かれた「香盤表《こうばんひょう》」（前頁の図1）と呼ばれる予定表を労基署に提出しましたが、俳優の働き方はなかなか理解されませんでした。その結果、恩田さんが治療に費やした期間の休業補償はもらえませんでした。

労災保険を求めていた歴史

私は恩田さんの労災請求のお手伝いをしながら、俳優は労災保険がもらえないことを認めたくない思いに駆られました。それだけ俳優の間では、日常的に起こる事故とその補償が大きな課題だったのです。調べてみると、この問題には長い歴史がありました。

一九九四年の国会で、元講談師の西野康雄（四代目旭堂南陵《きょくどうなんりょう》）参議院議員は、重篤な死傷事故が起きている実例を挙げて、労働大臣に俳優やスタッフへの労災保険の適用を要請していました。

「フリーの方々に対してのルール作りというんですか、基本的なものができ上がっていない、非常に谷間に置かれたままである。昔は、映画全盛のころはみんな映画会社がお抱えであった、テレビ局もお抱えであった、そういう中でいろいろと保険なんかもおりてきたわけでございます」

「お抱え」というのは専属契約で雇用されている状態で、「いろいろな保険」は雇用保険と労災保険のことです。映画全盛だった黄金時代の芸能界では、社会保障が映画会社の雇用保険により完備されていた状況をおっしゃっていると思います。

「ところが、人減らしになってくる。製作会社の方にどんと落としていく。製作会社だってもう請負のところだけでいいと。もう月給で、そんなものは常雇いができないという、今そういう現状になったときにいろいろな事故が起きてくる。事故が起きてきたときに、労災が適用されないということで大変な問題が出てきているわけでございます。我々もけがしてもそうですけれども、個々の俳優さんだとかいろんな芸人さんに聞くと、現場で少々の事故があっても泣き寝入りをせざるを得ない、今度文句を言うたら雇うてくれない、こういうふうな実例がたくさんございます。(中略)非常に弱い立場に、カメラマンも照明さんも音声さんも、出ている俳優さんもそういうふうなところがあるわけでございます」

つまり、リストラをされてフリーランスになった芸人さん、俳優、スタッフの方々が「請負」で働いていると労災保険が適用されないため、「事故があっても泣き寝入り」と言っているのです。

すでに俳優が映画会社に雇用されなくなっていただろうに、ずっと解決できないままでした。どれだけの人たちが泣き寝入りしたのかと思うと、ぞっとしました。

重篤な事故

私は俳優として、この労災保険だけは絶対に手に入れなければならないと自分に誓いました。これ以上泣き寝入りする人を増やしてはいけない。そう決心して、労災保険を審議している厚生労働省の審議会に毎回傍聴に通いました。建設業、林業、船員、運輸業の代表の委員が安全について真剣に議論していらっしゃるのを見てうらやましく思いました。知り合った厚労省の方に「俳優も危険なんです」と言うと冗談と受け取られたようで、悲しくなりました。

半年ほど経ったころ、厚労省の労災担当の方との面接の機会をいただき「農業では二メートル以上の木の上でりんごを採るなど、高所で作業をするから労災保険が適用されるんです」と説得されるように言われたとき、「芸能界では、照明のスタッフさんが劇場の天井にある照明器具をセッティングする時は一四メートルの高さで作業します。二カ月前に作業中に落ちて亡くなった方がいらっしゃいます」と説明したら、担当の方はしばらくの間絶句していました。

それからさらに半年ほど経ったころ、厚労省から連絡があり、芸能界に起きた重篤な事故があれば調査してほしいと言われました。芸能界では怪我は恥だと思われて、なるべく隠すような風潮があったので、情報がほとんどありませんでしたが、わずかに残っている資料をかき集めてまとめました。

その結果、過去、五七年間に起きた重篤な労災事故は五四例ありました。

1　一九六三年　戦争映画の撮影中に俳優O氏が爆薬に直撃し両足が吹っ飛んだ。

2　一九六四年　川で映画の撮影中に脱獄囚役の女優T氏と俳優A氏が手錠をつないだまま川を渡っていくシーンで行方不明になり二人とも死亡。

3　一九八四年　オートバイと乗用車二台の並走シーンのリハーサル中に転倒し、一四メートルの距離をスリップして倉庫の門に激突しスタッフ一名が死亡。

4　同年　ホテル内の撮影で照明用配線準備のためホテル変電室でスタッフ一名が高圧配電盤にふれて感電死。
5　一九八六年　ドキュメンタリー映画『K』の東北ロケ撮影中にカメラマンが脳梗塞で倒れ死亡。「新宿労基署長（映画撮影技師）事件」と呼ばれる。
6　一九八七年　スタッフ二名が発注者からの要求にこたえて湧水池にスキューバで潜水して撮影中に湧水坑に入り溺死《できし》。
7　一九八八年　テレビドラマ『K』の軽井沢でロケ中の自動車事故。ライトバンの荷台に撮影スタッフ三名、乗車席に俳優四名が乗り、走行しながら撮影中、並木に激突し、横転したため荷台のスタッフ一名がライトバンの下敷きになり死亡、俳優四名とスタッフ二名が重軽傷を負った。
8　同年　映画『Z』の殺陣のリハーサル中に、出演者の俳優が真剣を小道具の刀と間違え使用し、相手役の俳優が死亡。
9　一九八九年　東京S劇場でフライング作業に従事していたスタッフY氏が過労の末、現場で心臓発作を起こして死亡。
10　同年　スタジオで映画の撮影中に撮影用のセットから引火・延焼し、撮影に当たっていた照明係のスタッフ一名が一酸化炭素中毒により死亡、二五名が火傷《やけど》により負傷。

11　一九九〇年　映画『T』のロケ撮影中に滝で俳優H氏が溺死。

12　一九九一年　美術監督のI氏が映画『I』の制作中に撮影所の美術倉庫二階から転落したまま翌日まで見つけられず、首から下が不随となる重症を負い七カ月の治療の後に死亡。

13　一九九三年　テレビバラエティ番組『U』で歌手O氏が出演中に転落死。

14　一九九六年　愛知県G劇場で舞台照明の調整中に照明技師が転落し死亡。

15　一九九九年　静岡県の港湾でテレビドラマ『G』のロケ撮影中にスタントマンS氏が二人乗りのオートバイを運転したまま海に飛び込むシーンで、着水時にオートバイに体を強打して死亡。

16　同年　東京のS劇場でミュージカル『P』のリハーサル中に通訳スタッフA氏が舞台から一五メートル下の奈落《ならく》に転落し死亡。

17　二〇〇一年　テレビバラエティ番組『M』の収録準備中に美術会社スタッフ一名がセットの下敷きになり死亡。

18　同年　公立劇場Kホールの舞台点検中にスタッフがセリに挟まれ三名死亡、二名が怪我。

19　二〇〇六年　東京のS劇場で女性の照明スタッフ一名がテクニカルギャラリーから落下

し翌日死亡。

20　二〇一七年　千葉県のテーマパーク内の劇場でスタッフ一名が舞台機器の点検作業中、ワイヤーから約一〇メートル下の舞台に転落し死亡。

21　二〇一八年　スタントマン一名が高所から飛び降りの練習中に倒れ死亡。

22　二〇一九年　京都の交通安全イベントで、中学校の校庭で交通事故の実演中に、カー・スタントマン一名がトラックに轢《ひ》かれ胸部圧迫して死亡。

詳細がわからなかったり記録のなかったりする事故は除いたため、すべての労災をカバーしているわけではありません。それでもこれだけ多くの事例が見つかり、亡くなった方は全部で二五名にのぼりました。

どの事例にも共通して感じたのは、被災者の「迷惑をかけたくない」という純粋な気持ちや、「芸が未熟で技術が下手だから怪我をした」と自分自身が思い込んでいるため、自ら労災を隠す傾向が強いことです。ご遺族も同様なところがあり、いたましい限りです。このような認識からか、被災者や遺族が正当な補償を求めない様子が随所に見受けられました。

昭和の時代の労災事例

こうして調べていくうちに、労災に遭われたご本人が書いた痛ましいメモを含む資料を見つけました。亡くなられた方のご冥福を心から祈り、決してこのような事故を繰り返してはいけない、と強く思いました。今後の学びのために、そのうちの三件をこの本に記録したいと思います。

●爆薬による両足損傷事故

一九六三(昭和三八)年ある映画会社が制作する戦争映画の撮影中の事故です。スタッフが俳優O氏に「あそことあそことあそこに爆薬が仕掛けてあるよ」とよく言い聞かせてから撮影を始めたけれど本番の途中でNGが出て中断しました。中断の呼びかけをしても聞こえなかったのか、俳優が予定通りに走り続けていたそうです。爆薬のスイッチを入れる電飾係がタイミングを間違って「ちょうど俳優が爆薬の上に行ったところへ、ボンとやったからドーンと両足がすっ飛んだ」。

この事件は映画会社の俳優クラブを中心に映画俳優の団体が対応して交渉した結果、O氏から補償より終身雇用にしてほしいと希望があり社員になられたそうです。

●手錠水死事件

一九六四(昭和三九)年九月、映画の中で二人の脱獄囚が手錠をつないで川を渡っていくシーンの撮影中の出来事でした。

川は浅かったものの流れが速く、俳優の一人が転ぶともう一人は立っていられずに引きずられてしまうほどだったそうです。足元の石がツルツルして滑りやすかったため、二人は水の流れに引っ張られてしまったようで長距離を流されて渦巻きの中に入り行方不明になりました。その後、水死体がすぐにはあがらず事故になったそうです。

当初、二人の遺族に会社側が俳優のマネージャーに現金で一〇万円を手渡しして済まそうとしたそうですが、断って示談交渉をはじめ、俳優の団体が対応して一七〇万円を二年の月払いで初回二〇万円、二回目以降は五万円ずつの分割払いにし、一九六七年五月にようやく完済したそうです。

●落馬事故

年配のベテラン俳優A氏が一九六五(昭和四〇)年、テレビドラマの撮影中に落馬しました。

この事故の二四年後、A氏は次のように書き残しています。

「いざ書く段になると頭がきしむような具合になってなかなか筆が進みません。構文能力が落ちたことも後遺症の一つであることをEさんにお話しできたので少々気が楽になりました。思い出すままに箇条書にいたします」(原文ママ)

1　事故が起きたのは一九六五(昭和四〇)年三月末ごろ。もう二四年たっています。

2　某テレビ局制作の半年間の連続ドラマ時代劇の最終回。

3　ロケ地は御殿場、富士山麓原野。

4　乗馬はできないので吹き替えでやってもらったものの、馬からおりるところだけだからやってほしいとの要請に応えて馬に乗ったけれども、今度は、四、五～一〇メートルほど助走した後、馬をとめておりる。数度リハーサルを重ねるうちにロデオ大会のごとく馬が暴れだし、振り落とされる。それも大小をつけた時代劇衣装のまま、後ろ向きに頭から落下、脳天で全身を支えた後、首を折るようにして失神、気がついたときにはどのようなシーンをやるために来たのかさえ思い出すことができなかった。

5　そこで監督が……これも私はひどいと思うんです。そんな状態なのに一行ばかりのセリフをカメラの横で言う。それをおうむ返しに繰り返すことでロケを終える。頭痛と吐き気、めまいに歩行もままならぬくらいながら、誰かに付き添われて帰宅。往診を願い、五日間は連続的に寝入っていて、記憶がないくらい。その後、病院に通い、注射、飲み薬などで療養生活をする。

6　強度の鞭《むち》打ち症の症状と同じで、頭の毛細血管が切れる、詰まる。そして血行が悪くなっているせいで頭痛と吐き気が取れず、記憶力が落ち、セリフが覚えられず仕事を休む。医師は、二年すれば元通りになりますとのことでしたが、三年ほどはそれまでのようなセリフの多いことはできず、かといって理由は言いたくない関係で一行ゼリフの並んだ程度の軽い仕事で何とかしのいだ。

7　その後、後遺症を隠すために演技スタイルを工夫して、ゆっくりした性格の役をやるように努力した。

8　三年ほどして八割がた元に戻れたが、それ以上よくならず、今日に至っています。補償、保険金等は一切なく、番組から二万円ほどのお見舞いがあっただけだった。傷害保険も私が正気に返ったときは日数がたち過ぎていて、請求権を失っているとのことでできなかった。

9　以上のごときものでありました。私が、断れば断れたものを引き受けた関係で私にも一端の責任がある。演出家にも全く悪気があったわけではない。誰かの責任を追及するつもりは全くない、等のことから、私の方からは何も求めなかった。しかし、そのとき以降俳優としての能力の低下に一人苦しんだ。

10　そのとき以降、有機的でなめらかな、あるいは重層的というか、表面と心の中とが二重三重になっている複雑な表現ができなくなった。これは俳優にとって致命的なダメージ、今日に至るまで完全克服できていない。今後このような事故が起きた場合、俳優がそれによって生じるマイナスを一方的に全部背負うのではなく、何らかの補償なり救済措置が取れるような方向へ御努力願いたいものと思います。

この後に感謝の言葉が続き、「どうぞ私たちのために力添えくださいますように」と自身のみではなく俳優全体へと感じさせる「私たち」への支援を願って綴《つづ》られていたそうで、並々ならぬ徳の高いお人柄を感じます。きっと後世の者たちの事故や怪我がよほど心配だったのだろうと思います。他にも重い後遺障害を患った方がこのようにご自身よりも他者を心配する言葉を聞きました。懐の深さゆえであることはもちろんですが、当事者だからこそ「こんなことが二度とあってはならない」という強い思いがそうさせているのだと思います。

以上の三つの例はいずれも昭和の時代に起こった事故ですが、適正な補償はなかったように見受けられます。しかも事故が起きた時に責任者が対応していなくて、補償の基準、後遺障害へのケア、遺族の生活保障なども不明確のようです。

この問題は現在も解決していません。

舞台俳優のアスベスト被災

私が労災保険の補償を求める活動を始めて間もない頃、一通の手紙が届きました。

達筆で丁寧に書かれた文章の冒頭に「私の夫は俳優でしたが劇場のアスベスト（石綿）に被災して亡くなりました」とあり、私は驚きで声が出ないほどでした。すぐに手紙の主のみはるさんに連絡をとると気さくに答えながら詳しくお話ししてくださりました。みはるさんは、夫の大善さんが亡くなられた後、二度とアスベストに被災して苦しむ方が出ないようにと活動を続けていることを知り、頭が下がる思いでした。

発病までの経緯と被災状況の証言

一九七〇年代に東京芸術座の劇団員だった俳優の加藤大善さんは、リアリズム演劇の創造と普及を目指し、米国の戯曲家レジナルド・ローズ原作の『一二人の怒れる男たち』などに出演していました。妻のみはるさんとご結婚され、ご家庭では大工仕事をまめにする良いお父さんだったそうです。

二〇一四年、それまでずっと健康だった加藤さんは健康診断ではじめて肩甲骨あたりの違和感を訴えました。CT検査の結果、左肺に少し水が溜まっているのが見つかりました。翌月、再検査をしたところ肺がんの疑いが認められたそうです。翌年には肺にアスベストによる中皮腫が認められたため入院して治療を始めました。

俳優になる以前は、鉄鉱会社で総務を務め、学生時代も喫茶店でしか働いたことがなく、アスベストとの接点は思いあたらなかったそうです。

加藤さんと同じ時期に活動していた複数の劇団員のヒアリングから、加藤さんはアスベストに暴露した可能性が明らかになりました。

地方を巡演して演劇公演をすることが多く、毎日の移動のたびに四トントラックに積み荷の作業をしていました。会場に到着すると衣装や大道具、小道具、照明や音響機材の荷下ろしをして設営をしていたそうです。

劇団員の俳優は誰でもこれら全ての作業に加えて、舞台の天井で照明器具を取り付ける作業もしていました。公民館や体育館などのステージでは、天井裏に上りボードに穴を開けてワイヤーを通していたそうです。

さらに吸音効果を高めるために石綿が塗り込まれた緞帳《どんちょう》や幕を吊《つ》り上げる作業もしていたそうです。当時、地方公演をするほとんどの会場では、屋根裏や天井などの鉄材はアスベストが吹き付けられたままのむき出しで、さらに幕にも不燃性防炎加工の施されたアスベスト繊維が使われていた可能性があるそうです。

加藤さんはこのような公演を六年間続けていました。それから三五年経った頃の二〇一五年に胸膜中皮種を発症したようです。

その後、ご家族の手厚い看病を受けつつも、二〇一六年に加藤さんはお亡くなりになりました。

労災が認定されるまで

翌年の二〇一七年に、みはるさんは劇団のあった池袋の労基署に労災申請をしました。職員から開口一番「俳優は労働者といえますかね」と言われて笑われたそうです。みはるさんは「俳優だって立派な仕事なのよ。なんだと思ってるのかしら！」と今でも怒っています。

しかし、二〇一八年に労基署は、労働者と認められないと労災保険は適用できないのに、一転して大善さんを労働者と認め、仕事中にアスベストに被災した中皮腫だったとして労災保険認定をしました。舞台俳優でのアスベスト被災認定は初のケースでした。みはるさんによると認定の決め手となったのは仲間の劇団員による次の証言だったのではないかと言っています。

1　劇団の指示で演技指導を受けて、一年に二回ほどの東京公演と、約六カ月間の地方巡演で年間一〇〇～一五〇回のステージを務めていた。

2　集合時間や休憩時間が常に定められ、時間の拘束をされていた。

3　出演者が一人でも抜けると舞台が成り立たないことから仕事を断ることができず、諾否の自由がなかった。

4　決められたスケジュールに従って地方公演に行き、この間、給与の支払いを受けていたことから、労務と報酬の対償性が認められた。

加藤さんは劇団からもらった手当をメモに書き残していて、出張先での昼食代やタバコ代などの金銭出納が明らかだった。

5　地方公演や東京での本公演の期間に他の業務に従事することを制約されていたことから専属性があると判断された。

以上が労基署のメモに残っていたそうです。

どう見ても、みはるさんの言った通り、劇団に雇われて働いていた労働者に違いありません。

芸能界のアスベスト

現在、厚労省は石綿に暴露する可能性のある仕事をしていた労働者の方向けに、石綿に関連する作業の内容や石綿を使った製品をホームページで確認できるようにしています。

石綿にさらされる作業に、石綿鉱山や石綿製品の製造、建設の作業などに並んで「映画放送舞台に関わる作業」があげられています。つまり、映画やテレビなどの放送業、ステージ等の舞台の仕事のことです。暴露の可能性のある職業には音楽家、俳優、ダンサーをあげています。

また、具体的な暴露の可能性があるものとして、次の六つを例示しています。

- ・映画館・ホール・公会堂・劇場など音響効果(特に吸音)が求められる場所
- ・照明ライトやスクリーンを吊っている上にあるブドウ棚。その奥や両袖の壁および奈落部
- ・放送局の通信機械室の天井や壁
- ・劇場の客席の天井裏およびキャットウォーク、シーリングスポット、ピンスポット室
- ・学校などの講堂・体育館
- ・劇場などの緞帳

ここに記載された場所は、芸能界で働く誰もが日常的に仕事で行き来する場所ばかりです。暴露すれば亡くなる方もいるほど危険であるにもかかわらず、芸能界ではアスベストに関して注意がほとんど払われていません。

二〇一九年のアンケートの回答に、映像スタッフが「行かないと聞かされていたのに、福島原発事故による避難指示区域での撮影へ連れて行かれた。線量の高い地域へ行ったが、防護服を渡されることもなく、半袖に短パンのスタッフもいた」という声がありました。

そもそもフリーランスに関しては、危険物に注意を促すための掲示をすることが事業者の義務になっていません。私たちのアンケートでも、怪我や事故防止のための注意を受けたことが

ない人が五九・一%もいました。いくらフリーランスであっても命に関わるような時は、危険と隣り合わせであることをしっかり伝える必要があると思います。

II　芸能界の働き方改革が始まった

第5章　セーフティネットを作る
――特別加入労災保険

世界からの追い風

背に腹はかえられず命懸けで活動を始めた矢先、幸運なことに大きな追い風が吹いて来ました。

二〇一七年、政府は「働き方改革実行計画」を決定し、同一労働同一賃金の推進による非常勤や有期雇用などパートタイム労働者の待遇改善を経て、新しい働き方としてのフリーランスに着目し始めたのです。その一方で、もともとある個人請負などの「雇用類似の働き方」の人たちの保護が検討されはじめました。

その際、厚労省は雇用類似の働き方に関する保護として労災保険を挙げ、既に建設業の個人事業主である一人親方や林業などを対象とした特別加入労災保険制度があることから、より広く適用する方向に検討されていきました。

一方、欧米では一九八〇年にユネスコ（国際連合教育科学文化機関）が、「芸術家の地位に関する勧告」を出して、アーティストの生活保障や社会保障制度を各批准国がそれぞれの国内法に落とし込んで整備していました。

この勧告では芸術家を「文化的な労働に積極的に従事する者」と定義して「社会保障、労働条件、課税条件を改善することが必要」だとしています。

文部科学省の仮訳によると、芸術家は、①「文化的独自性の保存と増進」をはかり、②「伝統的芸術を継承」し、③「民俗伝承文化を解釈演出している」ことから、「芸術家が果たしている役割の重要性」にふさわしい地位を提案しているのがこの勧告です。

これに批准したカナダは芸術家の地位保障法を、ドイツは芸術家社会保障法を制定しました。欧米の各国は次々と国内の法整備を進め、芸術家の社会保障が着々と整備されていきました。

韓国では産業災害補償保険法で国が認めた「芸術人」に労災保険を適用しています。

しかし日本は四〇年以上、何も変わりませんでした。

二〇〇五年にユネスコが勧告の実施状況を調査しまとめています。二〇一九年に刊行されたその報告書には、日本の芸術家の社会保障に関する文章が六行だけ記載されています。「日本のアーティストは雇用関係に関係なく誰でも公的な国民的社会的保護を受ける資格がありますが、これは適切な生活を保障するには十分ではありません。ほとんどの芸術家は、収入が低く不安定であるため任意保険に加入することができず、少額の年金しか受給できません。芸術家に特化した社会保障はなく、わずかな高齢者向けの年金しか得られていません」

世界から見て異例なことです。芸術家が社会保障を受けられないのは日本だけの話のようでした。

労災保険の適用のハードル

厚生労働省の労災保険には、会社に雇用された労働者以外に適用する「特別加入制度」が一九六五年からありました。たとえば農業、林業、建設業、船員、運輸業などの個人事業主が対象です。しかしその業種に認定されるには大きなハードルがありました。

この制度を作った厚労省の審議会で、新しい業種を適用することについて議論した形跡がありますが、狭き門であることは明らかです。厚労省は次のように要約しています（労災保険部会資料）。

「業務の実態、災害の発生状況などから、特例として適用するのが制度の趣旨であるから、いやしくも労災保険法あるいは制度全体の運営に支障をきたさないように慎重にする必要がある。そのため、①業務の危険度、②労災が起こる割合に照らして、③特に保護の必要性の高いものであることが必要。その上で、④仕事の内容がどこまでかを明確に特定できること、⑤保険業務の処理を的確にできるかを十分に検討するべき」

これではどう考えてもめったに適用されないのは明らかです。しかし、危険な仕事や労災が起きているのは事実なので、なんとか適用してほしいところです。

俳優が要請していた

二三年前、二〇〇一年の国会でも、衆議院逓信委員会で元俳優の横光克彦衆議院議員が要請をしていました。

横光議員は、当時NHKの大河ドラマ『秀吉』や土曜ドラマ『大地の子』などの名作が大ヒットしていたことを背景に、「過酷な条件のもとに、非常に厳しい、危険なシーンを撮影することが多くある」ことやカーチェイスのシーンでの不慮の災害が起きたりすることを挙げて、それらの事故で、労災保険法の保護の対象になる人とならない人がいる実態を訴えていました。

長野県でテレビドラマの撮影中に大事故が起こり、スタッフ一人が死亡して、俳優ら六人が重軽傷を負ったときも、テレビ局の職員だったディレクターだけが労災保険を適用され、死亡したスタッフと俳優は適用されなかったそうです。怪我の重さや生死の問題ではなくフリーランスであるというだけでこれほど補償に不平等が生じることには、批判の声があがりました。それでも労働大臣は制度上やむを得ないと回答するのみで、この事件をきっかけに制度が変わることはありませんでした。

同じ車に乗って事故に遭ったのに、手厚さの違う補償を受けられた方々は、どれほど苦しんで制度の矛盾を嘆かれたことか、想像するだけでも身を切られるほど辛い気持ちになります。

実現への工夫 ――「一人親方」から「特定作業従事者」へ

過去の事例を知れば知るほど私は、これ以上俳優や芸能の仕事で事故に遭った方が苦しんではいけない、という気持ちが強くなりました。

非常にマニアックな法律のようですが、私はなんとか俳優に労災保険を適用するために、目を皿のようにして法文を読みました。

そこで気がついたのは、俳優側が長年要請を続けていたのは、建設業などと同じ「一人親方」としての適用でした。しかし、俳優の働き方の実態は一人親方とはだいぶ異なります。

そもそも特別加入労災保険には、一人親方以外にも種類があります。具体的には、①中小事業主等、②一人親方等、③特定作業従事者、④海外派遣者の四種にわかれています。

そのなかで、③の特定作業従事者に着目しました。

それは、たとえば農業でいえば、農薬散布の仕事といった限定された作業に従事する方を対象にしたものです。しかし解釈を広げると、危険性のある作業に広く適用できるかもしれません。芸能界に置き換えると、俳優だけでなく、ダンサー、ミュージシャンやスタッフまで、仕事の危険性を「特定」した「作業」として対象にできそうだと思い至りました。

つまり、一人親方のように「人」に限定してしまわなければ、俳優以外の多くの芸能に従事する人が救われるかもしれません。そうして芸能分野の「作業」全てを対象にできたならば、加入者にも役所の方にもわかりやすく、保険も適用されやすいのではないかと考えました。

こうしてコツコツと孤独に勉強しながらひらめいたり絶望したりを繰り返していたある日、厚労省から突然メールが来ました。労災保険を審議している会議で、これまでの事故の概要や今後についての要望を発表してほしいという内容でした。

もしかしたら前向きに検討してくれるのかもしれないと思い、飛び上がるほど嬉しく、実現に一歩近づいた気がして号泣してしまいました。

一カ月と少しの間、周到に準備して会議に臨みました。二〇二〇年七月三一日のことです。私は芸能の仕事をする人すべてを「芸能従事者」と仮に名付け、その全てが労災保険を得られるように願って労災の調査結果と要望を述べました。

そのあと委員の先生から、「あなた方俳優だけでなくスタッフを含めたのはなぜですか？」と質問されました。それに対しては、こう答えました。

「当初は、俳優の中でも重篤な事故の多いアクション俳優の要望のみでしたが、調査を進めていくうちにダンサーや古典芸能の方のケガが多いことから、芸能実演家全体としての特定作業への要望に変更し、更にスタッフの方も過酷で長時間の労働になるため、併せて芸能従事者として要望を出した次第です」

これまで多くの人が望んできた悲願を絶対に成就させたい。そんな思いから一生懸命に説明しました。

その後クリスマスイブの日に、この年最後の審議会が開かれました。十数人の委員の先生が意見を述べたあとに決をとると、満場一致で芸能従事者の特別加入労災保険が認められました。

私は傍聴席に座ったまま、地べたに崩れおちそうになるほど肩の荷が下りました。同時に「これは歴史的瞬間だ」と思いました。今この瞬間、多くの人が望んだことが叶《かな》ったのだ、と。感動と同時に、申し訳ない気持ちも込み上げてきました。今まで労災保険がなかったことで苦しんできた大勢の方に、「間に合わなくてごめんなさい」と深くお詫びしたかったのです。

私はこの労災保険をサンタクロースのプレゼントと受け止めました。芸能界が手にした初めての法律による保護です。ありがたく享受して最大限に活用していきたいと心に決めました。

「芸能従事者」の名に込めた思い

労災保険の適用が決まり、感動したのも束の間、この制度を実装していく役目を自分がやることとなり、日に日に責任を感じました。

一方、政府は着々と制度改正に向けて法的な手続きを進めました。新しい制度の施行に向けて都道府県労働局で保険の申請を受け付ける体制づくりや、市町村の労基署で保険の申請を受けるための、具体的な内容が定められていきました。

これまで「芸術家は労働者ではない」と長く語り継がれてきました。これには根拠があります。芸能界の所管になる文化庁には文化芸術基本法という法律があります。第一条の「目的」

には、「文化芸術に関する活動」と書かれています。つまり「労働」ではなく「活動」と定義されています。この言葉は法的位置付けに影響していたと考えられます。

そこで私はあえて「従事者」という言葉を使い、「労働」と認めやすくしました。働く人であると認められないと労災保険がもらえないからです。

もしかしたら芸術や芸能が趣味ではなく仕事であるという考え方の転機になるかも知れません。大袈裟《おおげさ》に聞こえるかも知れませんが、労働に対してしか労災保険は適用されません。潔く労働と定義づけることが必要と考えて「芸能従事者」としました。あくまでも審議会で必要な呼び名として考えたまででしたが、厚労省は労災保険の施行にあたり芸能従事者という言葉を通達文などに使用していきました。

細やかな制度設計

二〇二一年三月九日には都道府県労働局長に通達が発出され、芸能従事者は要望通り「特定作業従事者」とされました。

わかりやすいように労災に加入できる芸能の職種が三三種類も例示されましたが、「具体的には以下の職種が想定されるが、当該特別加入者の承認に当たっては職種を限定するものではない」と明記されました。想定したなかで最善の書き方です。

しかも、実際の事故は本番よりもリハーサルのほうが多いこと、事故が起きる場所は、表に見えないバックステージや楽屋の方がはるかに多い実情に沿った、労災を認定しやすい制度設計に感じました。

さらに、通勤災害や仕事中の移動に関しても例外的に保険の対象になっていました。「テレビ局からロケ撮影現場への移動」「映画撮影における撮影場所の移動」が例にあげられている通達文を読んだら、交通事故の経験が綴られたアンケートを思い出し、あの人もこの人も救われたかもしれないと、多くの声が制度に反映できているようで嬉しくなりました。スタントマンなどの危険な仕事も、故意に安全装置を無効にしなければ「支給制限の対象とならない」とされています。

残された問題は、大道具スタッフのことです。これについて厚労省が通達で示した見解には「舞台上に設置できる程度の大道具、背景等を製作する作業」は芸能従事者とされましたが、もともと建設業として保険の対象になっていたため、混乱しないかと心配になりました。

建設業か芸能なのか微妙な場合は、両方に加入すれば万全とされていますが、それで保険料が二倍以上になってしまうと当事者が気の毒です。これは解決が必要な問題だと思います。

団体を設立する

適用された労災保険は、厚労省が労働者に準じて保護する必要があると認めた業種だけが特別に加入できる保険です。加入するには該当する業種の当事者で構成する団体が必要でした。つまり芸能に従事する人が組織する団体です。そもそも芸能従事者というカテゴリーがなかったのですから、作らなければいけません。施行が翌二〇二一年の四月一日と決まった途端、なんとか間に合わせるように団体を設立することに邁進《まいしん》しました。

団体は加入者の保険料を集めて政府に納入する役割を担います。フリーランスであるから会社に属していないため、会社がする役目を団体がします。そのような実務は芸能界の誰にも経験がないので、一つ一つ調べました。とても苦労しましたが、新しい制度に守られる実感がじわじわと湧いてきました。「怪我をしたら労基署に事故報告をする」、そんな当たり前のことをできなかった私たちが、当たり前の基本的な保証を手に入れて、まるで社会人になろうとする子どもが、未来の扉を開けていくような気分でした。

いよいよ迎えた施行当日

労災保険に慣れない芸能従事者が、誰でもわかりやすく加入できる窓口を目指した結果、施行当日の二〇二一年四月一日に、私たちの特別加入団体「全国芸能従事者労災保険センター」（以下、労災センター）は東京労働局の承認を得ることができました。

それまでに何度も勉強会を開催し、いつの間にか芸能従事者の労災に詳しくなっていた私は、仲間から推されて理事長に就任しました。

そうして迎えた四月一日の朝、目が覚めると世界が昨日まではまるで違って見えました。「ああ今日から労災保険に入れるんだ」と感慨深い気持ちでした。と同時に、こんなに頑張ってもやっと労災保険だけなんだ、との思いもありました。それでも、あるべき状況とは、まだほど遠いけれど、確実にこの手でつかんだはじめての権利です。

この日、真っ先に労災保険に加入した人たちからは、思い思いに感じた言葉が溢れ出ていました。

「なんだろうこの守られている感じ」

「普通の人はみんな当たり前のようにこんな幸せを得ていたんだね」

「国にプロと認められた気がする」

「やっと安心して仕事ができる」

「労災保険を得て初めて一人前になれた気がした」

日々一生懸命に芸を磨いて、プロフェッショナルでいたいと思う人こそが、特に喜びを感じたように思います。

私たちは全国の芸能従事者がなるべくシンプルに手続きができるように、ホームページを作りました。加入手続きは二四時間いつでも、インターネットで完結できます。

加入後の事故報告や災害防止研修もオンラインで実施することで、プライバシーに配慮しました。ちょうど政府もＤＸ(デジタルトランスフォーメーション)化を推進していたところなので、その利点を大いに活かすことができました。

膨大な芸能職種

そうするうちに加入希望者は順調に増えていきました。思った通り相当数の職種の方が加入しました。

初年度の一年間は六九種類、二年目はさらに増えて一四三種類となりました。

たとえば一年目は、俳優、編曲家、映画監督、撮影監督、落語家、アクセシビリティ、映像俳優、歌舞伎俳優、声優、演芸家、サーカス団員、漫才師、ストリートパフォーマー、舞台照明家、講談師、司会、アナウンサー、脚本、プロデューサー、舞踊家、作詞家、作曲家、スタントマン、邦楽演奏家、洋楽演奏家、舞台俳優、アクション俳優、振り付け師、日本舞踊家、音楽スタッフ・アシスタント、ボディスタントマン、奇術師、マジシャン、大道具(建設業以外)、舞台演出家、ダンサー、メイク・髪結、伝統芸能、舞台衣装、カースタントマン、歌手、音響、衣装・スタイリスト、撮影、演出助手(演出部)、バレエダンサー、コンテンポラリーダンサー、レクチャーパフォーマー、小道具、制作、製作助手、ストリートダンサー、曲芸師、お囃子《はやし》、編集者、舞台美術、舞台機構、パントマイマー、録音、音響家など(申し込み順)。

二年目に新しく増えた職種は、たとえばオペラ歌手、楽器奏者(オーボエ、ビオラ、バイオリン、ドラムス、サックス、エレクトーン、三味線、歌舞伎お囃子など)、ジャズダンサー、チアダンサー、アクロバットダンサー、シンセサイザープログラマー、特撮監督、スイッチャー、ドラマターグ、舞台映像制作、マニピュレーター、髪結や美粧(時代劇のかつらとメイク)といった方々でした。

あっという間に新しい職種が生まれていくのを目の当たりにしました。

どんどん新しい音が開発されて新機種を扱うシンセサイザープログラマーから、コロナ対策のために舞台公演をウェブ配信するためにできた舞台映像制作という仕事など、加入者が世相の変化を表しているようで面白いです。一人親方のように職種を限定しなくてよかったとつくづく思いました。

ハードとともに進化する技術

芸能従事者にとって幸か不幸か生成ＡＩが推進されています。以前から映像業界における撮影機材の進化は目覚ましいものがありました。特に日本はアナログ時代の映画フィルムからデジタル、４Ｋまで、ありとあらゆる新旧の機器を使い、世界の最先端を歩んできました。それに伴い制作現場ではどんどん新しい機材が増えていき、それと同時に新しい技術も必要とされます。

たとえばスクリーンの質が良くなったりカメラが小型化したりと、機材の性能がどんどん良くなるに従って、俳優は微妙な表現や繊細な演技を求められます。舞台のように大きな声を出さなくても、吐息までも拾える録音技術に対応するには、リアルな発声による演技を磨く必要があります。

このように機械の進歩に伴ってハードもソフトも切磋《せっさ》琢磨《たくま》して技術を革新します。政府がこのような速いペースの技術革新に応じて、毎年のように制度の改正をするのは難しいだろうと思います。

この制度が作業の内容を細かく限定しなかったことは、労災保険を使いやすいものにして、広めていくためにも、労基署の円滑な認定にとっても適切だったと思います。

精神疾患にも労災が適用できる

労災保険は、仕事が原因で精神を病んだ場合にも適用になります。

表現を仕事にする人は感覚を研ぎすますことが多いと容易に想像できますが、イギリスの俳優組合で心理学者が調べたところ、舞台芸術分野で働く人のうつ病の発症率は一般の人の約二倍だったそうです。

雇用保険に入っている人の労災保険が、特別加入が認められた業種の加入者にも同じように適用されることは意外かもしれません。ですが、精神疾患にも適用できることは芸能従事者にとって重要なことなのです。

セクハラが原因の労災

二〇一二年から仕事上のセクハラが原因の精神障害にも、労災保険が適用されることになっています。第2章で紹介したように、ハラスメントが多い芸能従事者にとって大きな安心材料になると思います。

実際に労災が認定された事例として、①身体接触を含むセクハラを継続して受けたことによりうつ病を発症した例、②派遣先の社員から性的な発言を長期間にわたって受けたことにより適応障害を発病した例などが厚労省から示されています。

この事例を芸能業界に置き換えると、プロデューサーや監督、俳優やタレントなどが行うセクハラや、制作会社やクライアント、スポンサーなどの社員などが関係するセクハラが想定されます。

●パワハラが原因の労災

二〇二〇年には改正労働施策総合推進法が施行されて、パワハラ対策が大企業の義務となりました。第2章で述べた通り、パワハラは六つの類型に定義されています(身体的な攻撃、精神的な攻撃、過大な要求、人間関係からの切り離し、過小な要求、個の侵害)。仕事上のパワハラが原因で精神疾患になった場合は、労災が適用できます。同時に仕事上でLGBTQに関して精神的な攻撃をされたことによる精神疾患も労災になります。

●自殺の労災認定

自殺に関しても、心理的負荷による精神障害と認定されたケースは労災保険が適用されることになり、一九九九年に当時の労働省の指針で「過労自殺」と定義されました。認定のためにいくつかの要件がありますが、すでに各分野で過労自殺が認められています。

●カスハラ

二〇二三年に顧客や取引先、施設利用者らから著しい迷惑行為を受けたことによる精神疾患がカスタマー・ハラスメントとされました。

芸能業界でカスタマーになるのは観客やファン、チケット購入者、出演した映画やテレビ、配信番組などの視聴者が考えられますが、まだ明確に定義はされていません。

しかし芸能従事者の七一・六％がインターネット上の誹謗中傷を経験し、それによりストレスを感じた八七・八％、精神的被害を受けた五八・五％、自殺を考えた人が一八・三％もいます（複数回答、八二名）。

二〇二三年に特別加入労災保険で精神疾患を労災と認定された音楽家と舞台芸術家がいらし

たそうです。決して喜ばしいことではありませんが、認定されたことは何よりと思います。

労災の認定には労基署による詳細な調査があります。しかしながら制度が適用されてわずか二年で既に二件の認定がおりたのは驚きでした。芸能従事者はハラスメントに関する被害が多く重篤な例も少なくありませんので、一人でも多くの方にこの制度を活用していただきたいと願ってやみません。

事故防止のための対策

労災保険を利用するには、事業主が事故防止対策をとることが必要とされています。しかしながら、会社勤めをしていないと、仕事をするにあたって、安全研修を受けるのが習慣にはなっていません。エンタメと安全は一瞬で結びつかないイメージがあるところ、政府も事故防止を推奨する工夫をしたのか、全国安全週間のポスターには著名な芸能従事者が起用されました。

さらに、芸能界に関わる四省庁が連名して通知を出しました。これまで業界全体への安全に関する通知は二通しか出ていないため、非常に画期的なことです。

フリーランスの芸能従事者の二割が病気や怪我を経験し、そのうちの一割が休業をしたことが政府の調査でわかったことに触れ、芸能業界でも安全衛生対策が必要だと言っています。

その内容は、制作管理者がガイドラインやチェックリスト等を作成して、計画的に場所や資材や作業の安全衛生対策を検討して予算を確保することです。

具体的には車両、電気設備、大道具、小道具や危険物、撮影機材や録音業者が現場に持ち込んだ資材にも触れ、さらに演技の速度や保護具などにも配慮するよう細やかに言及して安全研修を推奨しています。

加えてトイレや更衣室を含めた環境整備の推奨や、トラブル、ハラスメントについての相談窓口の整備やストレスチェックの勧奨にまで言及しています。

最初にこれを読んだ時、実態に合った生々しい内容だと思いました。これまでしっかりした安全対策をとっている業界にとっては基礎的で簡潔すぎると思われるでしょうが、そもそもフリーランスには安全対策が何もされていなかったわけですから、目を疑うほど画期的です。

芸能界ならではの災害防止

私たちの労災センターは、この通知にそって事故防止対策や安全研修を実施しています。

多様な芸能職種のための各地方における安全衛生委員の取り組みには特色があります。いくつか紹介します。

マジシャンは全国に車で移動して公演をすることが多いそうですが、四時間以上の運転を禁止にして、運転をした日はマジックをしないように指導しているそうです。さらに事故の起こりやすい設営前に必ずラジオ体操すると不思議なことにぎっくり腰などの急病が減るそうです。

映画の制作現場で事故が多いことに胸を痛めている映画監督の深田晃司さんは、労災保険の勉強会を月に一度程度、定期的に開催しています。これまで通算で数百名が参加してくださり、質疑応答で「こういう仕事でも労災適用されますか？」などの話で盛り上がることが多いです。さらに深田さんは映画関係の仲間たちとハラスメントに関するガイドラインを作成しました。

アクションや殺陣、スタントのコーディネーター等をしている長崎県の佐藤憲《ひろし》さんは、体のメンテナンスのための整体サービスを俳優やスタントマンに提供しています。

北海道の演出家の羊屋白玉《ひつじやしろたま》さんは、アーティスト支援のためのグループを立ち上げ、一人一人のアーティストに対してオーダーメイドの支援をしています。兼業・副業をしているアーティストのワークライフバランス支援や、集団精神療法をベースにした、ハラスメントの抑止・防止、ハラスメント事後の被害者と加害者の間の関係改善に向けた働きかけを始めています。

舞台芸術制作者の塚口麻里子さんは、国内外の舞台芸術制作者と有機的なネットワークを構築し、制作者やアートマネージャー相互の協働を促進する環境整備を行い、契約やハラスメントを含む創作環境に関わる勉強会等を実施しています。

手話通訳士の健康問題に長く取り組んでいる団体もあるなかで、ＮＰＯ法人シアター・アクセシビリティ・ネットワークは観劇サポートの推進に取り組んでいます。理事長の廣川麻子さんは、手話通訳士や字幕制作者などの、観劇サポートに従事する人たちの適切な労働環境の構築を目指しています。

照明スタッフの岩城保さんは経験上メンタルのバランスが悪くなると事故が起こりやすいと考えて日ごろからメンタルケアを推奨しているそうです。

大道芸人でスプレーアートをしている高見沢克さんは、前泊や後泊をして、移動時の事故防止をしています。

大道芸フェスティバルの制作プロデューサーの猪原健さんは、出演者の労災保険の加入を確認し、インターバルを確保できるタイムスケジュールを組んでいます。

舞台監督の森下紀彦さんは仲間の同業者と繋がって芸能従事者の安全を考える会を作り、危険な作業が多い大道具スタッフと労災保険とメンタルケアの勉強会を東京・下北沢の劇場で開催しました。

私たちは俳優として、厚労省の事故防止対策の通知をもとに俳優向けのガイドラインを作成しました。心の負荷の大きい役を演じる場合、撮影の前後にカウンセリングを受けることを推奨しています。

以上のように、当事者ならではの必要に応じた対策をしています。

安全対策ができる喜び

労災制度ができたばかりで、まだ安全対策をしていない団体があるかもしれません。しかし私たちの団体に集まった人が、心底安全を願って自主的に対策を講じていることは素晴らしいと思います。

もしかしたらご自身か仲間が事故に遭うなどの経験があったせいかもしれません。それはとても悲しいことですが、これ以上労災があってはならないという強い決意が生まれます。その思いを仲間と共有して安全の実現に向かうことはこの上なく尊いことだと思います。

定期的に開催している労災の勉強会でファシリテーターを務める舞台俳優の山内健司さんは、「こうして同じ仕事をしている人が集まって安全のことを考えるのは本当にいい時間ですね。みなさん今日もありがとうございます」と毎回おっしゃっています。

私もこうして当事者である芸能従事者が関心を持って話を聞いてくださるとき、労災保険ができてよかったと、涙が出るほど嬉しいです。

フリーランスには様々な業種があるため、そもそも労災に関心が薄い人も多いだろうと思います。また、年配の芸能関係者のなかには国の世話にはなりたくないという方もいます。そのような中、幸い私は、芸能従事者の辛い歴史を深く知って共感して助けてくれる方との出会いに恵まれました。それは官僚の方もいれば、学者の方もいました。垣根をこえた皆さんが、一日も早く一人でも多くの人が助かるようにと、同じ思いで尽力してきました。こうしてできたのが、芸能従事者の特別加入労災保険だったのです。

また、二〇二一年に芸能が「特定作業従事者」と認められた後、二〇二二年には厚労省が個人事業者等の安全衛生対策のあり方の検討会を始めました。その報告書では、フリーランスに発注する人を「特定注文者」と名づけています。二〇二四年に施行されたフリーランス法では、フリーランスではなく「特定受託事業者」としています。

つまり特定作業従事者は、雇用類似・個人事業者・フリーランスとして働く人を「特定」と冠する名称の先駆けになったと言えると思います。

この動きはこれまで法律の網から抜け落ちて泣き寝入りするしかなかったフリーランスの地位の向上と待遇の改善に大いに寄与したのではないかと考えています。

第6章　まっとうな契約へ

なくてあたりまえだった契約書

長年、芸能業界では口約束が普通でした。

前述した通り、労災保険の制度が変わる前月の二〇二一年三月、制度を運用するための通達が出て、私は愕然としました。保険の対象となるのは「契約に基づき報酬が支払われる作業」と書いてあったからです。

おそらくこの業界で契約書を交わしている人はほとんどいないでしょう……。

予感は的中し、同時期に文化庁がとったアンケートでは一万七一三六名の回答者のうち、年間雇用されている人はわずか五・四％でした。つまり九四・六％もの人がフリーランスと推定されます。フリーランスは業務委託を受けて仕事をしますが、その契約書を交わしている人が一二・七％しかいませんでした。

その上、雇用されている五・四％の人ですら契約に関して「特に文書のやりとりはない」人が五九・三％もいて、雇用契約書がある人は二八・二％しかいませんでした。よほど契約書に縁がない業界ということが明らかになりました。

四割が助成金を申し込めない

この頃はコロナ禍の真っ最中で仕事が継続できないことが明らかだったため、経済産業省は芸能従事者も含めたフリーランスも対象にした助成金「持続化給付金制度」を施行しました。しかし、文化芸術分野の人は契約書がないために、コロナ禍以前の報酬額からの減少や活動機会の減少を客観的に証明することができず、この助成金を申請できない人が四二・一％もいました。すっかり慣例になっていて業界の中にいると不思議と思えなくなっていた契約書の不存在は、大きな社会問題になっていきました。

こんな契約状況ではせっかく労災保険を得られても使えないのではないかと一抹の不安がよ

ぎるなか、労災保険が施行された二〇二一年四月に国会で質疑がありました。

元芸能従事者の三原じゅん子厚生労働副大臣が、「芸能従事者については、書面による契約書が取り交わされていない場合というのが大変多うございます」と答弁し、契約書がなくても発注や報酬支払いの実態などの調査で適切に判断すると答弁されました。

さらに文化庁の政府参考人は文化芸術の担い手の流動的な雇用形態と書面によらない働き方という業界の習慣を指摘して、文化庁が作った助成金を採択する手続きに「正直なところ、かなりてこずった」と発言しました。

当事者のつらい声

契約書が浸透していないことがわかった文化庁のアンケートには、契約や待遇についての自由記述があり、次のような回答がありました。

「文化芸術活動に関する個人事業主と申告した場合の社会的地位が低く、クレジットカードの作成や転居等の手続きが行えない、あるいは時間がかかり過ぎることが多い」

「賃金が安く仕事の依頼も口約束が多い」

「同じ仕事をしても男性より女性の方が、報酬が少ない」

「稽古期間、リハーサル期間は無報酬である。交通費や諸経費が全く出ない所も多い」

「就業規則や労務管理等、文化芸術団体も十分なレベルにあるのか、調査し、改善すべきである」


どの声からも不安や不満が噴出しているように思えます。

こういった流れを受けた四月の国会質問で、政府参考人はさらに「今後、こうした担い手に持続可能な形で活動を続けていただくためにも、健全な事業環境を確保することが重要であり、担い手の活動実態や経営実態の把握とともに、担い手が実際に直面している課題の背景等の分析が必要」と発言していました。

一方で厚労省の雇用類似の働き方に関する検討会でも、放送現場について「契約書の不存在、契約内容の曖昧さ、不明確な報酬額等の事例が見られる」と指摘して対策を検討していました。

文化庁に設置された担当部署

こうした流れを受けて、いよいよこの分野の働き方改革が始動していきました。

四月一日、芸能従事者の労災保険制度が施行されたと同時に、文化庁は新しい部署を作りました。その名称は「文化芸術活動基盤強化室」です。

私たちはこの部署ができるずっと前から、文化庁を訪れ、散々質問やお願いをしていました。その都度、庁内で担当者は誰かを探しているような気配がありました。

これで、もう担当者を探し回る必要はなく、ストレートにこの部署に尋ねればよくなったのです。四月になる少し前に文化庁の方からも「今後は対応できる担当部署ができます」と言われてとても楽しみでした。

四月になってこの名称を聞いたらもう一歩夢に近づけたような気持ちになりました。労災保険ができたことに加え、芸術分野で活動する人の基盤を強くすることに文化庁もサポート体制に入ってくれたと心強く感じられます。

契約の検討会議の誕生

少しずつ課題がはっきりとしてきた頃の秋に、文化庁で契約の書面化を推進するための検討会議が開かれることになりました。新しくできた活動基盤強化室が事務局を担当し、内閣府、総務省、経済産業省、厚労省、公正取引委員会、中小企業庁がオブザーバー参加するというこれまでになく幅広い顔ぶれになりました。口頭契約が慣例となっている業界では非常に画期的です。

検討会議を始めるにあたり、文化庁はその趣旨を次のように整理していました。

・芸術家等が契約内容を十分に理解した上で安心・安全な環境で業務に従事できるよう、契約書のわかりやすいひな型を作成する
・関係者の理解を促進し、書面化を推進する
・適正な契約関係を構築する
・プロフェッショナルの確立を目指す
・安心・安全な環境での持続可能な文化芸術活動の実現を図る

そして、契約の書面化が進まない理由や、契約書がないことによって生じる問題を検討し、わかりやすい契約書のひな型と解説の作成と広報啓発をゴールとしました。

幸いなことに私はこの検討委員を拝命しました。ちょうど労災保険ができた年に、その課題となる契約書に関して意見が言えることは何より嬉しかったです。団体としても豊富にあった

アンケートのデータや会員の生の声を文化芸術行政に活かせることも、ありがたいことでした。

ヒアリングから見えた実態

検討会議では、まず実態の把握のために、契約書を結ぶ当事者を招いてヒアリングをしました。そして、スタッフと実演家に分けたふたつのワーキンググループが設置されました。

俳優、落語家、音楽家、ダンサー、舞踊家の方は次のように話されました。

「依頼内容の詳細が不明なまま仕事を引き受けることがままある。口約束が多く、契約書はないことがほとんど。報酬もあいまいなことが多い。そんな不安な状態で生活をしている」

「仕事を断ったり、報酬を問い合わせたり、契約書が欲しいと言ったりすると、悪い評判が広がって今後仕事がもらえないのではと不安を感じる。報酬が減額されていると、自分に落ち度があったのではと思い悩み、泣き寝入りをすることも」

「芸事でプロになる人は厳しい言葉をかけられながら育ってきている人が多い。ハラスメントもある。体が資本の仕事。怪我することもあり、心身を病む人も多い。耐えられない人は辞めていってしまう。若手や後輩の立場を考えると辞めてしまわないかと不安になる」

三時間もの長時間にわたるヒアリングで、終わりに近くなるにつれ、どの分野の方も深刻な問題を吐露され、胸が痛くなりました。

別の日には、仕事を依頼する側の方からも話を伺いました。劇場やテレビドラマの制作会社、コンサートを制作する会社の方がお越しになりました。どのような仕事の流れでどういった契約方法をしているかという質問に、次のように答えてくれました。

「まず出演者を決めるためにスケジュールを押さえることが多く、依頼時に業務内容を全て明確にすることは難しい。自治体の劇場等のように契約書を交わしているところもあれば、実演家への依頼は口約束がほとんどという分野もある。そのため契約成立の時期が見定めづらい。「出演依頼書」といった公演等の日時・場所・演目等外形的な概要を記載した書面を交付している分野もあるが、その場合でも報酬やキャンセルの取り決め等の記載がない場合もある」

「報酬の額は、依頼側が過去の実績をベースに提示する場合が多い。慣例で作品単位、ステージ単位で設定する場合、稽古やリハ、撮影等の拘束期間は配慮するに止まり、明確に反映されているわけではない。分野・依頼者によっては出演料のランク表に基づいて時間単位で支払うこともある」

「出演契約の契約条項となり得る項目のうち、明確に業界等の統一的なルールがあるものは限定的(例えば舞台の安全基準等)。多くの項目は、各業界の「慣習」「通例」「目安」といった、「なんとなくのローカルルール」で運用されている」

なんとも曖昧な話が多くありました。話を聞いた検討委員はどうやったら統一感を持った契約に向かわせられるか、頭を抱えてしまいました。

過去の調査

しかしながら曖昧な契約状況は今に始まったことではありません。今から八年前の二〇一六年に文化庁が調べた結果も同様でした。

たとえば、俳優などの実演家(パフォーマー)が出演契約をする時期は、仕事の前の場合もあれば後の場合もあり、契約の相手は本人と芸能事務所の二者か、制作プロダクションも加わる三者間の契約もあり、内容には出演条件と再放送料などをもらえる著作隣接権の二種類があるが、実態としてはそもそも契約書が作成されなかったそうです。

映画では出演者のうち、ギャラが発生した一〜三名としか契約を結んでいないことが大半で、基本的に俳優を除いた製作会社と芸能事務所が契約して、芸能事務所が俳優の代理人として保証するというケースが多く、権利の契約はほとんどしない。出演条件が後で変わる可能性が非常に高いので、口頭で交わすのが通例との結果でした。

ＮＨＫでは、レギュラー・準レギュラーやドラマの主な出演者、再放送の可能性の高い番組の出演者などと個別に、書面で契約を締結しているそうです。基本的にはＮＨＫと芸能事務所と出演者の三者で契約するものの、芸能事務所の意向で出演者を含まない二者契約も混在しているそうです。書面にできるのは非常に限定的で、権利に関して映画は原則として支払いはなく、ごく限られた場合に主演級についてのみ成功報酬という形で、二次利用の契約を結ぶ場合があったそうです。

一方、民放では、放送局以外での制作の場合の二次利用料について決まった解釈はないそうです。

その二年後の二〇一八年、公正取引委員会は移籍や契約に関するヒアリングとウェブアンケートを実施しました。主な指摘は、芸能人が移籍するときに一定期間どこにも所属できない契約の問題でした。契約を更新しないという芸能人に契約中にもかかわらず仕事を受けなかったり、報酬の支払いを遅らせたり、芸名を使わせない、イメージを損なわせる悪評や虚偽情報を流す等をして移籍を妨害するケースがありました。

ウェブアンケートには、音楽家、舞踏家、演出家、演芸家から次のような声が寄せられたそうです。

「賃金や責任範囲が曖昧なまま、正式な契約を延期されたことがある。その際、契約時に、必要な作業量の分を請求したところ、「こちらの提示した額に従ってほしい」と一方的な条件を出され、話合いに応じてもらえなかった」

「契約書などの書面を作成すると言っておきながら、それを数カ月にわたって放置される。また、書面が存在しないため、実質の責任が相手に発生しない」

「（取引条件等についてやむを得ず同意したのは）伝統的な慣習が大半のため」

「キャンセルになった仕事の分を自分で新しく探さねばならず、ひと月強ほど、収入が減少した」

三者間契約は事務所に所属していると普通なのですが、制作現場で労災が起きたとき出演者の安全管理者が誰なのかわかりづらくなります。いくらフリーランスで法律の保護がなくても、これほど無権利な待遇とは想像されにくいのではないのでしょうか。

こういった調査のあと公正取引委員会は報告書を出しました。芸能業界でモデルとなる契約書がいくつかの団体から出されましたが、残念ながら契約書によるトラブルはなくならなかったようです。

契約ガイドラインの発出

文化庁の検討会議は、発足後一〇カ月の検討を経て、二〇二二年に契約書のひな型とガイドラインを出しました。

このひな型とガイドラインの対象者は、この分野において唯一の法律である文化芸術基本法に則って「芸術家等」とされました。

・文化芸術に関する創造的活動を行う者
・伝統芸能の伝承者
・文化財等の保存及び活用に関する専門的知識及び技能を有する者
・文化芸術活動に関する企画又は制作を行う者
・文化芸術活動に関する技術者
・文化施設の管理及び運営を行う者その他の文化芸術を担う者

芸能人やスタッフの仕事は、映画などに出演したり制作をしたりする仕事を通してメディア芸術に含まれると考えられますが、どちらかと言うと、美術や古典芸能等をイメージしやすい印象を受けます。「創造的活動」とあるのが、「労働」でも「就業」でもなく「活動」であることで、「好きでやっている」と言われやすくなりそうです。

一方で放送局の所管は総務省で、映画などの大規模なコンテンツは経済産業省が所管とされています。

つまり、直接的に芸能分野の担い手を保護する所管省庁が見当たりません。当事者としては非常に心許ないです。このことは大きな課題ですが、前向きに考えると、本来は芸術も芸能も広く包括するべきと考えられる文化庁で契約書のひな型とガイドラインができたのは、画期的なことなのかもしれません。

対象となる契約関係

ガイドラインの対象となる契約関係は、芸術家等のうち「個人で活動する芸術家等」が一方当事者となって、「事業者や文化芸術団体等から依頼を受けて行う文化芸術に関する業務」とされました。

公正取引委員会が調査していたマネジメント契約については、序文で「言及はしていない」としつつも「契約の書面化の推進や取引の適正化の促進など参考にできるところは考慮していただきたい」としていますが、本文では「(所属事務所等が契約する場合の留意点)」として三者間契約に触れ、移籍や保証について「当該所属事務所等が契約の締結・履行や芸術家等に履行をさせるのに必要な一切の法的権限を有する」必要があるとされています。これは相当な権限が想定されます。

そこで芸術家等の「報酬や権利等」を自分で把握するように推奨しつつ、「トラブルを防止する観点から、所属事務所等は、発注者との契約締結前に芸術家等に対して、予め当該契約内容について、十分に説明し、協議する機会を設ける必要がある」としていますが、個人からはなかなか申し出にくいので、芸能界で働く人は重々注意が必要と思います。

議論に関わっている検討委員としては、働く人の不利にならないように相当な注意をはらいましたが、これが限界でした。

なお、このガイドラインには、各種の法令と多岐にわたる分野での取引適正化の取り組みが反映されています。たとえば独占禁止法、下請法、労働関係の法令や、フリーランスやテレビ番組の製作取引、アニメーション制作に関するガイドラインがその一例です。

契約が進まない理由

この分野の契約が書面にならない理由を検討したところ、六つの課題が見つかりました。

1　信頼関係や慣習により、口頭契約が多く、それでも業務を進めてこられたこと。
2　分野、職種、案件によって業務内容や契約の期間が様々であるため、一律の対応が難しく事務的な負担が大きいこと。
3　業務内容や業務量が創作過程で変わるため、契約時の見積もりが困難であること。

4　事業予算は作品ごと・公演ごとの収入見込みから逆算するが、実際の収入は興行チケットの売上等に基づくため、資金調達の見通しが立てづらいこと。

5　芸術家は契約や権利、個人事業について学ぶ機会がないこと。事務的な契約手続きに時間や手間を割くより活動に専念したい者もいること。

6　信頼関係等に基づく慣行、契約の多様性、構造的な特性等による理由。

受発注者が契約関係を構築するには、やや消極的と感じます。一方で受託者が現状の働き方に困って契約書を切望する声はとても多いです。


「労働時間や報酬を事前に契約書に定めてほしい」

「契約時に万が一の時の（労災の）話を双方ともにきちんとしていないし書面もない」

「執筆に三年かかったが、編集者から支払いは四万円のみで著作権料の支払いはなかった。重版になったら支払ってくれるように契約書を作ってほしいと伝えたところ、過去に例がないと言われた。いまだにその編集者の夢を見る」

「（安全衛生管理について）契約できっちり決めて欲しい」

「ハラスメント防止を明記した契約書の締結が必要」といった意見が、毎年のように多数寄せられているのが現実です。

曖昧で不適正な契約書によって生じる問題

口頭契約やメールで取り決めた内容が不十分なことで、どのような問題が生じるのでしょうか。

それは、双方の権利と義務が不明確になりがちだ、ということです。

たとえば一方的なキャンセルや報酬の減額が起きたり、制作現場のなりゆきで想定していなかった業務が追加されたりすると不利益が生じます。そもそも契約書がないと、契約違反をされた時に証明ができません。

弱い立場になりがちな芸術家は、協議を求めたら業界で冷遇されてしまうのではないか、仕事が来なくなるのではないか、といった不安から、交渉せずに受け入れてしまっているのが現状です。

契約書があっても、報酬や著作権等の権利が保護されていなかったり、事業者に一方的な内容のために不利益を被るとトラブルに発展することもあります。また事故防止やハラスメント対策等に関する内容が不十分との指摘も課題とされました。

改善策

すぐには解決できなそうな問題ばかりですが、ガイドラインでは改善のための方向性を二つ提示しています。

一つ目は契約の内容を明確にしてトラブルをなくすことと、各分野で異なる業務の期間や発注のタイミング、報酬の額などの実情に合わせて、メールや契約書、確認書、発注書など紙の書面の交付の推進です。

内容は少なくとも契約が成立したことと、業務の内容や報酬等の基本的な事項に関する記録を事前に書面に残しておくことを推奨しています。

二つ目は取引の適正化です。原則として取引が自由に決められても、実際には、力関係の差や交渉力の差により、事業者等からの一方的な内容となっている状況を改善するために、事業者と芸術家等が協議や交渉をしやすい環境を整備していくことです。

取引に当たっては芸術家等の自主性を尊重しながらも、才能を遺憾なく発揮してプロフェッショナルとして創作活動に取り組めるように、専門性や業務に見合った報酬とする必要があります。

長年、口頭契約が続いた業界ではすぐに切り替わるのは難しいかもしれませんが、当然のことばかりです。

契約事項

ガイドラインと付録の契約書のひな型では、明示するべき内容を具体的に六つ例示しています。

1　業務内容
2　報酬等
3　不可抗力による公演等の中止・延期による報酬の取り扱い
4　安全・衛生
5　権利
6　契約内容の変更

数は少ないですが、コロナ禍で契約書がなかったためにキャンセル料を請求できず、生活に関わるほど多くの人が困窮したことを踏まえて「不可抗力による公演等の中止・延期」の場合のキャンセルポリシーを作り、経費負担への配慮を推奨しています。

ただ、この点はガイドライン案が決まる前のパブリックコメント（国民の意見や情報）で、不可抗力かどうかにかかわらず配慮するべきと指摘されました。もっともな意見だと思います。

報酬

契約書のひな型の二つ目は報酬に関してです。

「業務内容や専門性、著作権等の権利の利用許諾・譲渡・二次利用の有無、経費負担等に応じた適正な金額となるよう、発注者と受注者が十分に協議した上で決定すべき」として「不当に低い対価での取引をしないよう」注意しています。

さらに経費についても、協議して契約書に記載することとしています。

どうしても契約時点に報酬額を定められない場合はその理由とともに、報酬が決まる予定期日を記載して、確定し次第、書面で通知する等の対応をして支払い期日と支払い方法で受注者に不利益を与えないようにあらかじめ契約書に記載しておく必要があるとしています。

これについて、パブリックコメントでは、「演者へのチケット販売のノルマを禁止事項に記載するべき」「早朝から深夜までの長時間かつ短期間の拘束で人件費を不当に抑えているケースなど、文化庁が助成する公演の報酬が適正か調査してほしい」「枕営業の強要(性的強要)をガイドラインで禁止してほしい」といった多くの意見が寄せられました。まだまだ問題は山積みです。

安全・衛生

四つ目に安全・衛生が入りました。この分野で唯一の法律だった文化芸術基本法では触れられていなかったものです。

発注者は、安全配慮として、受注者の身体的・精神的な健康状態に配慮することが重要であり、受注者が、高齢者や児童、未成年者、妊婦等の場合には、その年齢や学業等に応じた一層の配慮が求められる。

文化芸術の公演等においては、演出上、高所や暗所での作業や身体接触を伴う演技等危険を伴うものがあることから、事故防止など安全管理の徹底が求められる。

制作や実演の現場においては、プロデューサー、演出家、監督、照明・音響等スタッフなど様々な分野の立場の異なる専門家が関わるため、現場での関係者間の意思疎通不足や指揮命令系統や責任体制が不明確な場合には事故につながりやすいとの指摘もある。

また、制作や実演の現場において暴言等による精神的な攻撃や演出等を理由とした性的な言動などパワーハラスメントやセクシュアルハラスメントに関する問題、過多な露出、過度に扇情的に表現する行為を強要する等の問題や深夜早朝の過重業務の問題も生じている。

このため、事故防止や作業環境の整備などの観点から、現場の安全衛生に関する責任体制の確立のため、芸術家等の安全衛生管理を行う者を置くことが望ましい。


冒頭で「精神的な健康状態」に触れているところは、検討会議の中でも意見が出た芸能従事者のメンタルヘルスに負荷があることや精神疾患による自殺が起きている実態に向き合った重要なポイントと考えています。

芸術分野には定年がないため、何歳になっても働ける一方で高齢者に特段の配慮がないことから健康への配慮がことさら必要なことと、児童や未成年者には子役やアイドルなどの需要が多い一方で、学業を尊重することが必要であることを記載しました。

さらにフリーランスを含めた事故防止のための通知にも触れました。

現場における災害防止措置として、芸能従事者が行う資材による危険の防止、演技、撮影、照明等の作業における危険の防止の取組、安全衛生に関する対策の確立等として、制作管理者が行う安全衛生に関する責任体制の確立、安全衛生教育の実施、作業環境やトラブル・ハラスメント相談体制の整備等の取組が求められている。

このようにフリーランスが多いために災害を防止する術《すべ》がなかった芸能業界に、所管省庁から指導が入るのは稀有《けう》なことと思います。ガイドラインはさらに労災保険について言及していきます。

受注者の事故等に備え、発注者において民間の保険に加入したり、受注者において、音楽、演芸その他芸能の提供の作業又はその演出若しくは企画の作業を行う場合やアニメーションの制作の作業を行う場合には、それらの作業につき労災保険に特別加入することや民間の保険等に加入したりすることが考えられ、その費用負担も含め保険に関する取扱いについて発注者と受注者が協議することが望ましい。

ちょうど特別加入労災保険が施行された翌年にできたこのガイドラインでこの加入を促進し、しかも保険料は自己負担が義務ではないことがわかる書き方になりました。このおかげか、私たちが設立した労災センターでは、発注側や所属している団体が保険料を払ってくれるケースが増えています。

私は検討会議の中で、例えば撮影などで仕事をする日数分だけでもいいから発注側が保険料を支払ってほしいと意見しました。現在、保険料は他の業種に比べて一番低い一年三五〇〇円です。これを一日分に換算すると一〇円にもなりません。たとえば、三日だけ出演する俳優に三〇円を、二カ月拘束されて働くスタッフに六〇〇円を払うのはそれほど難しくないと思います。

こうして少しずつ安全のための経費を発注者が払ってくれるようになったら、感謝しながら仕事ができるようになり、もっと信頼関係が生まれると思います。

インティマシー・コーディネーター

ガイドラインの安全・衛生の最後は、次の一文で締めくくられています。

さらに、センシティブなシーンの実演があることや、近年、芸術家等の自殺や芸術家等が誹謗中傷を受けることが増えていることも踏まえ、受注者の身体や精神的安全を確保するため、作業環境を整えたり、精神的ケアの取組をしたりすることが求められる。

私は、俳優がセンシティブになりがちなラブシーンを撮影するときに、トラブルのないよう安全に配慮するためのインティマシー・コーディネーターを置いていることを、海外の会議に出たときに知りました。このインティマシー・コーディネーターを国内で育成するために、文化庁で支援してほしいと要望していました。

アメリカの俳優組合が推奨したこの制度は、原則現地に行ってライセンスを取らないといけません。高額な費用がかかりますが、#MeToo運動の実践者である当時の組合会長は「インティマシー・コーディネーターが指導に入った撮影現場ではハラスメントが減りました。有効なハラスメント対策にもなります」と日本で取り組むことを勧めてくれました。

その後、日本でもコーディネーターの資格を取って活躍する人が現れています。文化庁は育成費用こそ出してはいませんが、このガイドラインの発出後に制作者がハラスメント対策に使える助成金を出すようになりました。

ガイドラインの最後の一文では、自殺や誹謗中傷が起きていることにも触れ、精神的ケアの必要性に触れられたことは非常に良かったと思います。

より良い契約のひな型作りへ

このガイドラインの別添には、契約書のひな型がつけられました。

ひな型は二種類あり、俳優や歌手などの実演家編と、スタッフ編になりました。なるべく幅広く解釈できるように書いてはいますが、文化芸術分野には多種多様な職種があります。たとえば著述家などの方にこの二種類のひな型は、どちらも使いづらいだろうと思います。

これに関してパブリックコメントでは、「分野ごとに背景が異なることから、全分野共通のひな型の作成には無理がある。業務内容や報酬等以外の項目については、分野、団体の状況に合わせて対応する必要がある」と指摘されました。

これに対して、文化庁は「これらを参考例として、柔軟に工夫し活用していただきたい」と返答しました。

きっとこのコメントをした方は、これまでの契約で困った経験があるのではないでしょうか。だからこそ、政府がひな型として出した契約書を使うことに意義を感じているのだと思います。そういう人はきっと大勢いるはずなので、本当は各業種の契約ひな型を作るべきです。

韓国では、国家機関が標準契約書として美術工芸、公演芸術、漫画、アニメーション、大衆文化、放送、映画、出版、著作財産権、標準勤労契約書と、複数の分野にまたがって六六種類の契約書を定めており、契約の締結を義務化しています。

その目的を芸術家の活動の権益を保護することと社会的認識の向上のためとして、不公正な契約が発生しないようにしているそうです。

私たちは韓国の研究者を招いてこの標準勤労契約に至った法的な背景となる芸術家福祉法と、それをさらに補足して実効性のあるものにした芸術家権利保障法を勉強する会を開催して二年がかりで学びました。契約書を浸透させて、事業者と芸術家が良い関係になるには、このような細やかな取り組みが実効性を帯びてくるのかもしれません。

今、日本の芸能業界も働き方改革に向けて大きな第一歩を進んだところです。

このガイドラインを活かして、これまで契約がないことで辛い思いをした多くの方が少しでも救われてほしいと願っています。

第7章　フリーランス法

働き方改革が進むにつれ、新しい働き手とされるフリーランスへの施策が二つ、社会保障の特別加入労災保険と取引の適正化として、まるで車の両輪のごとく走り出したように感じています。法律の保護がなかった芸能分野で多くの人が苦しんできた状況を、自身も苦労をされながらフランスのカンヌやイタリアのヴェネチアの映画祭等に自作を出品している映画監督の深田晃司さんは、「焼け野原」と喩《たと》えています。

まさに焼けたままで何も残っていない、草木も生えなかった野っ原に、やっと労災保険法が手を差し伸べてくれたことで一歩法整備が進み、自らも歩もうとし始めた芸能業界に、契約ガイドラインからさらにもう一歩進んだ法律が作られました。それがフリーランス・事業者間取引適正化法、いわゆるフリーランス法です。

なぜ新たな法律が必要とされたのか

二〇二一年、労災保険の加入対象者を拡大したのと同じ時期に、政府は「フリーランスガイドライン」を作りました。

フリーランスの取引について、独占禁止法、下請法、労働法を用いてフリーランスとして安心して働ける環境を整備することを目的としています。

政府は新しい資本主義を掲げ、そのグランドデザインの一つとして労災保険の特別加入の拡大がありました。その翌年、フリーランスの取引適正化のための法制度について検討を始めました。

設立したばかりの労災センターは、新しい資本主義実現会議で芸能分野のフリーランスの労働実態や取引状況を伝える機会をいただき、これまで調査したことを余すことなく訴えました。

それから約二年後の二〇二四年には、フリーランス法と呼ばれる法案が国会で成立、二〇二四年一一月に施行されました。この流れは実に丸五年をかけて、労災保険が象徴する社会保障のセーフティネットと、経済生活を象徴する取引適正化法との両面から芸能従事者を含む個人事業者が、法律の保護を得て、社会的地位を確立する地盤が整っていったまさに働き方改革の土台作りになっていると思います。

定義と目的

この法律で保護されるフリーランスは「特定受託事業者」とされました。企業などから仕事を受けて働く人のことを指しています。ほとんどの芸能従事者は該当してこの法律でおそらく守られると思います。

これまで曖昧とされていたフリーランスに初めて漢字の日本語名がつけられたことは画期的なことです。特別加入労災保険でも、私たちは「特定作業従事者」というカテゴリーで特定の作業をする者とされているのでちょうど呼応しています。

立法の目的は、働き方の多様化に伴って、「個人が事業者として受託した業務に安定的に従事することができる環境を整備するため」として、取引する際は発注者が契約書で契約内容を明示すること、報酬を六〇日以内に支払うこと、募集情報を的確に表示すること、ハラスメント対策等の措置を講じることなどとしています。これらのルールがなかったことで多くの芸能従事者が泣き寝入りしてきたのですから、法律が施行されれば大いに助かるでしょう。

たまたまなったにすぎないフリーランス

ただし違和感を感じるところがあります。

政府の見解は、近年の働き方が多様化しているから、「それぞれのニーズに応じた働き方を柔軟に選択できる環境を整備する」としています。フリーランスという働き方を「選択肢の一つ」としているのですが、芸能従事者はフリーランスであることを選んでいません。

映画が全盛期で映画会社が俳優やスタッフを雇用していた時代は別として、昔からほとんどの芸能の仕事をする人は個人事業主として働いていました。たとえば宝塚歌劇団も宝塚音楽学校を出て五年間は阪急電鉄の社員として雇用されますが、その後は個人事業主として一年ごとの有期契約をします。つまり芸能の世界で働くには、フリーランスしか選べない境遇にあります。

逆に言えば、フリーランスになりたいから芸能の仕事を選んでいる訳ではありません。いま芸能界で働いている人は、もし雇用してもらえるなら誰しも雇用してほしいと願っているに違いありません。それだけ保護が足りなくて立場が弱いからです。

政府がフリーランス法で保護の必要があるとしている理由は、芸能従事者にとって必要なことばかりです。

たとえば、「個人」が「組織」の発注事業者から仕事を受けるときに、交渉力や情報収集力に格差があるため、「一方的に発注が取り消された」「報酬が支払い期日までに支払われなかった」「ハラスメントを受けた」などの取引上のトラブルが生じている実態をあげています。

支払い期日

フリーランス法の第二章の四条は報酬の支払い期日についてです。「納品日」は芸能界で言えば出演者にとって撮影のクランクアップや演劇、コンサートの公演日になりますが、その日から六〇日以内のできる限り短い期間内に報酬を支払わなければなりません。再委託、つまり下請けのさらに下請けになる孫請けは、「三〇日以内のできる限り短い期間内」が支払い期限とされました。再委託、つまり元委託から下請け、さらにその下請けからの孫請けの場合には、下請けから孫請けに再委託であることなど必要な内容を明示すれば、元委託から下請けへの支払い期日から「三〇日以内のできる限り短い期間内」が支払い期限とされました。

決まりがない現在は、よほど気を遣ってくれる会社でない限り、いくらでも遅くなってしまうケースが多いです。かつて芸能事務所では、制作会社からの支払いが数カ月も滞ると半額を立て替えて支払ってくれたことがありました。しかし、芸能事務所も切羽詰まっていると芸能従事者に支払うのはむずかしいと思います。

映画などの大きな予算がかかるものは、公開が延びると支払いも滞って翌年にならないと支払いがないことなどもあります。実は映画は必ず公開に至るものとは限らないので、「お蔵入り」という、公開されることなく日の目を見ないケースさえあります。その場合は興行収入がないことは誰の目にも明らかなので、運が悪かったと請求できないまま諦めざるを得ません。こういった業界ルールが暗黙の了解として続いていました。

さらに四条の中には、支払い期日が定められなかったり、元委託支払い期日から三〇日以内という規定に違反した支払い日にされた場合は、元委託からの支払い期日から三〇日目を支払い期日とみなす、とあります。

つまり先ほどのような映画の出演料に未払いがあった場合、制作会社や所属事務所から報酬の支払いがなかったとしても、その先の委託者である映画会社などが制作会社に支払いをすることと決められた日から三〇日以内に支払うべきと法律が決めてくれることになります。

かなり言い出しにくい報酬の未払いについて、このようなルールができたことで多くの芸能従事者は安心して働けるようになるに違いありません。

芸能界の重層構造

そもそも「委託」や「元委託」と書かれていることから、法律では委託者がたくさん存在すると同時に下請けがいくつも連なる重層構造が想定されているようです。下請け構造がいくつも重なると、支払いがおざなりになったり、会社をいくつも経由することで、その都度支払いに時間がかかり、手数料がかかったりするなどのデメリットが出てきます。

そのため、建設業では最大四次までできてしまった重層構造を、二次までに整理しました。

文化芸術分野の重層構造から生じる問題としては、厚労省の検討会や文化庁の検討会議でも、委員や経産省からの出席者より、発注書面や契約が交わされない、著作権等の権利が誰にあるのかが曖昧になる、といった点を指摘されていました。

安全面でも、健康管理や安全衛生までを含めた場の管理や、体制・責任者などが不明確になることで、コミュニケーションの齟齬《そご》や権力構造が生じやすく、ハラスメントが発生しやすい環境や、業務に伴う事故のリスクが高まると、東京大学の黒田玲子氏が警告しています。

ただでさえ芸能従事者の業種は多岐に渡り、労災センターの加入者だけを数えても一四三職種も数えられるほど裾野がとても広いのです。つまり下請けの業種はとめどなく多く、働く人も多くなりがちです。

逆に委託する側は何層にも遡り、上には上がいますが、そもそも誰がお金を出しているかというと、大企業のスポンサーです。そのおかげでテレビが放送され、映画が上映されます。

つまり大元請にあたるのはスポンサー企業で、広告代理店や企画会社や制作会社を経由し、キャスティング会社やスタッフを手配するラインプロデューサーを経て、最後に芸能人やスタッフが請け負う形になっています。数えてみるとゆうに七次まで下請けがあるピラミッド構造になっています。

労災保険ができてから毎年とっている労災のアンケートを読むと、回答者の多くはこの構造を肌身で感じているようです。

「上が現場の実態を知らない」
「上から制作費が下りてこない」
「無茶なスケジュールで働かされて休み時間がない」
「徹夜の仕込みが普通になっている」

「現場の人間が育っていないのに作品の本数が異常に増えている」

どうにも発注側と受注側のコミュニケーションがうまくいっていない様子がうかがえます。ですが、もしかするとフリーランス法が重層構造を整理するきっかけになるかもしれません。ぜひ、こういった認識の違いがなくなる方向に進んでもらいたいと期待します。

小ピラミッドの存在

フリーランス法の制度設計のためのヒアリングを受けた時に、フリーランス同士で雇い合うことがあるか、と聞かれました。そういったことは芸能業界に非常に多いと思います。

たとえば、俳優が運転手や専属のヘアメイク、アシスタントマネージャー（昔で言う「付き人」）を雇うことがあります。その場合、お互いにフリーランスであることが多いはずです。同じようなことは他分野でもあるでしょう。

厳密に言うと、そこにも小さな請負の構造ができてしまいます。こういうケースは制作現場で起こるため中層と下層に位置します。

このピラミッドは、大規模のピラミッド構造と比較するとあまりにも小さいため、小《こ》ピラミッドと私は呼んでいます。全体像で見ると一層複雑に見えます。

重層構造の弊害と対策

こんなに複雑になる前に、どうして整理できなかったのかと思いますが、他の業界では解決をしてきた歴史があります。

二〇一七年に国土交通省は建設の分野にガイドラインを作りました。その理由は、建設業での重層的な施工体制では、役割や責任の所在が不明確になること、品質や安全性の低下、下請けの対価の減少や労務費への皺《しわ》寄せ等の様々な影響があるからだそうです。

行き過ぎた重層構造を改善し、生産性が高く、分かりやすい施工体制を実現するために、基準を明確化した建設業法二二条において一括下請負等を禁止しました。違反があった場合には経営事項審査で減点するなどの取り組みを行い、「四次以内」から「二次以内」まで基準の改善を果たし、生産性の高い施工体制に向けた取り組みに成功しています。

芸能界のガバナンス改革

もう一つ、芸能界の特徴的な請負構造に、一部の大手芸能プロダクションが、企画や制作などの元請けに近い仕事から、最下層の下請けに当たるマネージャーやタレントに至るまで、自己完結的に請け負っていることで、多くの労働市場を独占する形になってしまっていることです。

このシステムは制作が円滑に進んだり、オリジナリティを生みやすいメリットがあるものの、ピラミッド構造の頂点にいる者が利益を独占しがちなことが懸念されます。また透明性に欠けるため、内部でハラスメントや契約不履行などが起きる温床となりやすいということが挙げられるでしょう。

ことに芸能プロダクションが関与した場合は、一部のタレント人気や流行に火がつきやすいなど、商業面での効果を得やすい一方で、様々な癒着が起きやすく、透明性に欠けるかもしれません。ハリウッドなどの大ショービジネス圏ではタレント事務所が制作業務を兼務することが禁じられています。そのことは、芸能産業のガバナンスを整える意味で参考になるかもしれません。

育児、介護の両立とハラスメント防止へ

さらに一三条には、六カ月以上の委託の場合、これまでなかった育児、介護への配慮が入り

ました。一四条にはハラスメントの防止措置も義務づけられました。いずれも会社や企業に勤める人に準じたもので、実際はこういったことで生活に困る社会的立場の弱いフリーランスに対してより優先的に配慮したものではありませんが、初めて対象になったという意味では画期的です。一言も言えずにただただ泣き寝入りして働けなくなるよりはまだ救われる道が開けると思います。

欲を言えば、欧米では立場の弱い者を先に保護する手厚さがあります。そのため個人事業者は優先的に支援されるのが一般的になっています。日本ではそこまでの理解はまだまだ得られてはいないと感じます。

またフリーランス法のもとでは、日頃のハラスメント研修の実施や、相談窓口の整備、ハラスメントが発生した後に事実関係を把握することや、被害者への配慮措置などが求められます。この他、仕事を委託する事業者に対しても遵守事項ができました。たとえば、納品時の受領拒否、報酬の減額（仕事が終わってから支払いのときに「どうしても予算が足りなくて」と泣きつかれると断りきれないことが多々あったと思います）、一方的な返品、買いたたき、チケットノルマに該当すると思われる購入・利用の強制。そして不当な経済上の利益の提供要請（イメージがわきにくいですが、受けた仕事以外にただで別の仕事をさせられること等です）、不当な変更・やり直し

（たとえば、撮影が終わった後にスポンサーから「このキャスティングはダメだ」と言われて撮り直したなどの例があったと聞きます）の禁止です。

仕事の募集の告知などで虚偽や誤解を生じさせないこと（たとえば危険な撮影があっても事前に言われないことなど）や、契約を解除するときに原則三〇日前までに予告することなどが定められました。

まずはこのような基準ができたことで、より良く改善できる見通しが立ったのではないでしょうか。しかも悪質な場合は政府が立ち入り調査をしたり、罰則や罰金による処罰も規定されています。運用されれば、今までのような全くルールがなくて混沌《こんとん》とした息苦しい業界の体質も変わってくるでしょう。

これはこれまで多くの方々が声をあげた成果だと感謝して、この法律を大切に使っていきたいと思います。

第８章　メンタルヘルスケア

相次いだ自死

二〇二二年五月、人気のあるお笑い芸人で俳優でもあるＵさんの自殺報道がありました。日本中が悲しみに包まれ「なぜ？」「あんなにいい人が悩んでいたなんて」という言葉が溢れていました。

しかし業界では、「やっぱりそうだよな」「負けるな俺」など、誰しもが死にたいくらい辛い思いを嚙《か》み締めていました。コロナで仕事を失った辛さは、もともと希望を持ちづらい芸能界で働く人に追い討ちをかけました。

著名人の自殺報道はコロナ禍の二年間で五名以上ありました。そのピークに達していた頃、私は背に腹をかえられない思いでメンタルケアの相談窓口を企画し準備していたところでした。その直前には、以前、映画で相手役を二度もさせていただいた俳優のWさんの突然の訃報がありました。その方も自殺と言われていて、同じく俳優であるご家族がとても痛ましく、私自身も思いが引きずられるような、精神状態の決して良くない日々が続いていました。その頃、私たちの仲間でこの企画を知った映画監督の深田晃司さんより、高額にもかかわらず臨床心理士のカウンセリング費用を出したいとの申し出を受けました。

本当は、クラウドファンディングはできないかと深田さんに相談したところでした。それに対して、彼は「お金を集めるのは賛成だけれど、クラウドファンディングはそんなに簡単なことではない。その労力を使うのなら、自分でお金を出したほうがまだ楽です。決してお金持ちではないけれど、たまたま今お金があるから……」と言って出してくれました。

そうして準備を始め、オープンの日(六月一日)には文部科学省で記者会見を開きました。すぐにネットニュースや翌日の新聞の見出しに出たのは「命絶つ人出ないよう」でした。それは私が、集まった記者たちから「どうして窓口が必要だと思ったのですか?」と聞かれたときに答えた言葉でした。

芸能界では、日ごろからのハラスメントやコロナによる活動自粛と収入の減少などの度重なる苦しみが二年以上続いて、著名な芸能人の縊死《いし》や飛び降り自殺などが頻繁に報道されていました。ようやくレストランが再開しても夜八時には閉店してしまい、仕事が終わった後の「夕飯難民」がさ迷うような、日本中の誰もがうんざりしていた時期でした。

心の相談をしようにも窓口がなくて、たらい回しにされることが多い問題を解決したかった私たちは、フリーランスが使える公的な相談窓口にメンタルケアが抜け落ちていることを残念に思っていました。

会社勤めの人には年に一度ストレスチェックが二〇一五年から義務化され、いつでも相談できる窓口が用意されている——そのような状況が天国のように感じられます。厚労省のポータルサイト「こころの耳」ですら、当初は会社に雇われている労働者向けでした。

どんなに華やかに見える芸能界でも、当の本人たちの苦労の種は山ほどあります。売れれば何とかなるほど甘い世界ではありません。若い時に売れても、老後は過酷なものですし、若くして孤独死をした元アイドルもいました。それは芸能界で働いたことのある人には決して他人事ではありません。それでも芸能界には、相談窓口一つなかったのです。

このメンタルケア相談窓口の名称は「芸能従事者こころの１１９」としました。救急車を呼ぶつもりで駆け込んでほしいという願いを込めています。

当初から一年間は、私と深田さんが臨床心理士の費用を寄附しました。ホームページやチラシは私がデザインしました。みんなで手作りした相談窓口は今もずっと続いています。

メンタルケアでは自殺を防ぐことができないという声もあります。しかし本当に死を考えている時もそうでしょうか。実際にこの窓口を使った人で、相当悩んでいる方から聞いた言葉は「ほっとしました」「安心できました」というものでした。相談を受けている臨床心理士は、「最初にレクを受けた時に聞いたように、本当に皆さん真面目です。いつも真面目に仕事に取り組んでいるからこそ、悩みを抱えやすいと思います」と言っています。

フリーランスの安全と健康の確保

ウーバーイーツで働くフリーランスの人が配達中の交通事故で亡くなった事故がありました。そこで厚労省は、労働安全衛生法一条に基づいてフリーランスであっても労働者と同じように安全と健康を確保するよう、対策に取り組んでいました。

また、建設現場でアスベストによる健康被害を受けた人たちが国や企業を相手に損害賠償を訴えた裁判で、最高裁判所は二〇二一年五月一七日、国と企業の責任を一部認める判決を下しました。その際、「労働者」だけでなく、労働者ではない「一人親方」の人たちに対しても、労働安全衛生法二二条の保護が及び、石綿などによる健康被害の防止措置は個人事業者にも講じなければならないことが示されました。この判決を受けて、厚労省は一一の省令を改正しました。

しかし、働く人の安全を守るという意味では、まださらに検討すべき課題があるということで、厚労省ではフリーランスの安全衛生対策のあり方を検討することになりました。そこでフリーランスが多い芸能界も対象になり、私は検討会に呼ばれました。

そこで話したのは仕事の受け方や就業環境の詳細です。労災で後遺障害に至るケースや精神疾患になる方もいることや、リスクを軽減するための発注側とのやり取りの状況などを聞かれました。その際、二〇一一年に愛知県のモデルが、指示された撮影場所の発注者の自宅でわいせつ行為を断ったら首を刺されて殺害された事件(後に労災認定)や、東日本大震災後に映像スタッフが、行かないと聞かされていたのに福島原発事故による避難指示区域での撮影に連れていかれて、線量の高い地域で防護服を渡されることもなく、半袖に短パンの人もいたことを、ヒアリングやアンケート結果にもとづいて報告しました。

ここではアンケートのデータや日頃寄せられている声が大いに活かされました。この時私たちの団体には団体会員を含めると四万名ほどの数がいたので、多岐にわたる芸術・芸能の方々の声を届けることができました。

私たちもこれ以上の自己負担は不可能で、フリーランス自身による安全衛生管理だけでは立ち行かないことも伝えました。

芸能業種以外にも、イラストレーター、建設業、運輸業、林業、製造業、IT、フードデリバリーなどからもヒアリングが実施されて、多くの方の声のもとに検討が進みました。

健康診断が受けられない？

検討会では芸能従事者の健康診断の受診率が低く、三五・五％しかなかったことが問題になりました。ストレスチェックを受けた人も九・三％しかいませんでした。会社では仕事中に実施してくれるのだから問題なく受けられると思いますが、フリーランスで、しかも時間が自由にならない芸能従事者が、自主的に年に一度の市町村の健康診断に行ったり、有料の人間ドックに行ける人はほんのわずかしかいません。

労災センターの加入者で、演劇の現場で働く人の過重労働と健康問題を懸念している舞台監督の森下紀彦さんが書いた健康問題に関する陳述書は国会でも読み上げられました。

〈フリーランスを中心とする演劇の現場で働く人々の過重労働と健康問題について〉
舞台で働く人たちの環境をもっと良くするためのキャンペーン推進委員長（舞台監督）

欧米のように劇場文化が十分に発達しておらず、システムに則って演劇作りをすることの少ない日本の演劇界においては、さまざまな懸案が解決されないまま置き去りにされています。ハラスメントや契約などに関する問題、現場での過重労働、低賃金、そして安全、健康の問題などです。

ここではおもに演劇の現場で起きている過重労働と健康の問題について報告したいと思います。多くの演劇に従事するスタッフは、自らの健康に関して知識も関心も薄いのが現実です。それには理由があります。会社などでは健康診断が定期的に行われます。それは会社員にとっては業務の一部であり、無料もしくは安価で受けることが容易に可能です。また会社によっては健康相談の窓口での相談やより精密な人間ドックの受診も可能であり、社員食堂ほか福利厚生施設が充実していることもあるでしょう。

フリーランスである我々は国民健康保険の枠組みの中で、自治体の実施する健康診断を受けることが大事ですが、指定された期間や時間帯に自分の住む地域の病院で限定的な診断を受けることが、なかなかできないのが現状です。

稽古や本番の日程によって、スタッフは公演に向けて膨大な拘束時間によって縛られてしまいます。稽古場付きの舞台スタッフは、リハーサルへの立ち合いはもちろん、稽古場の掃除から始まって、稽古の準備、小道具の買い物・製作作業のほか、打ち合わせや関係書類の作成などで、一二時間以上の拘束を受ける日々が続くことも珍しくありません。台本が遅れたり、主役が別な仕事で参加が遅れたり、創作現場ゆえのイレギュラーな要素が多分にある業務なので、稽古が休みの日も出勤して作業することが当然のように常態化しています。しかし初日に向けて、より質の良い作品を作ろうとすることは、演劇のスタッフにとっては当然なことなので、時間や手間を惜しまずに過重な労働に身をやつすことになります。

こうした余裕のない不規則な生活が続く中、生活習慣病に罹患して現場で倒れたり、急死してしまう三〇代、四〇代のスタッフもいます。有能でよく働くスタッフほど仕事が集中するため、健康へのリスクは大きくなります。

彼らあるいは彼女らに共通しているのは、健康診断を受けていなかったということです。

もし定期的な健康診断を受ける機会があったなら、いくつかの簡単な検査の結果で、病気にかかるリスクを自覚できた可能性は高いと思っています。誰かが倒れたという話を聞くたびに、どうして健康診断を受けろと言わなかったのかと後悔もしましたが、そもそも健康に関する情報を受け取る機会もなく、不安に思っても健康診断を受ける時間すら危うい環境にあって、健康を維持することはむずかしいと言わざるを得ません。

実際に指揮者や演芸家がコンサートや舞台で突然倒れたニュースが目につきます。二〇二二年には東京・赤坂の劇場で主演俳優が舞台の上でくも膜下出血で亡くなるニュースもありました。

健康管理のガイドライン

検討会での一年五カ月にわたる議論の結果、厚労省は二〇二四年五月にガイドラインを出しました。それは個人事業者自身と、個人事業者に仕事を注文する人による健康管理に関するものでした。その方針は「個人事業者等の健康は、自らが管理することが基本だが、一定の場合に個人事業者等が一般健康診断と同様の検査を受診する費用を注文者が負担することが望ましい」となりました。

ガイドラインでは他にも、私たちが労災保険を得られてから毎月のように行っている安全衛生研修や、相談窓口によるメンタルヘルス不調の予防、アンケートでも多く寄せられていた怪我が起きやすい現場の改善につながる「適切な作業環境の確保」などを実施することが推奨されていて、まさに背中を押されているような気持ちになりました。

こうして一つ一つ、アンケートに寄せられた声や、仲間になった会員の方々との動きが形になっていくことを実感しました。

フリーランスにも産業医を！

労働者を五〇人以上使用する事業場には産業医が選任されますが、フリーランスにはそのようなことはありません。しかしながら、相談窓口で臨床心理士の方とやりとりをする過程で、フリーランスであっても産業医がいても良いのではないかと考えるようになりました。

医療関係者との縁がなかなか持ちづらい芸能従事者にとって、産業医は頼りになる存在になるのではないでしょうか。

そもそも芸術や芸能は多くの人数で創り上げるものです。演劇は総合芸術と呼ばれるだけに、俳優や演出家だけでなく、舞台監督、音響、照明、美術、衣装、振付などのたくさんのスタッフが必要です。クラシック音楽のフルオーケストラは八〇人ほどの演奏家が一堂に会して演奏します。映画は制作期間が非常に長く、約一年がかりの制作過程の中で、初期（企画・脚本）、中期（撮影・編集）、後期（宣伝・配給）に分かれますが、通算すると小規模のものでも関係者は三〇〇人を超えます。

人数から言えば、フリーランスばかりの職場であっても、医師のアドバイスは必要となります。会社でも産業医を選任していないところがあると聞きますが、フリーランスには義務でなくても自主的に選任するのは構わないだろうと判断しました。

産業医の役割

産業医の仕事は労働安全衛生規則第一四条に定められていて、健康診断やストレスチェックの結果から、健康に心配がある人に面接をしたり、健康の保持増進のためのアドバイスや、現場視察から必要とされる安全衛生研修をして、事故や病気の再発防止のための指導をする役目と理解しています。

これらは私たちにとっては本当に必要なことです。実際に始めてみると、現場視察に訪れた産業医が、多くの俳優やスタッフから健康や安全な作業方法についての質問を受けました。たとえば、スタジオや劇場で年中暗い場所で、しかも夜を中心に仕事をしている私たちにとって、暗い状態は日常になってしまっています。しかし陽に当たらないことが健康に悪いと指摘されると、わかっているものの、どうしていいかわからず、仕方がないと思ってしまうだけでした。それに対して、医師から、なぜ健康によくないかを詳しく聞かされ、休憩時間に外で散歩したり、サプリメントを摂《と》るなどの対処法を指導されると、なるほどと納得がいきます。

マジシャンのKさんの働く現場では、みんな腰痛持ちで苦労していたそうです。現場を視察した産業医から、災害性腰痛が発生しそうな危険なポイントや、転倒しやすいポイントを細やかに指摘した報告書を読んで、「これからの安全のためのバイブルになった」と語っていました。

劇団への産業医の提言

意外なことに産業医には勧告権があります。もちろんいきなり勧告をするのではなく、まず提言をします。

日本芸能従事者協会に産業医が就任した二〇二三年に、地方自治体が主催する演劇祭の公演を控えた団体会員の劇団に対して提言書を出しました。

〈芸能従事者の皆さんの待遇改善のため、その第一歩としてお願いをしたいこと〉

1　男女別更衣室の設置（現場環境により限界がある場合は、簡易型でも可）

2　男女別トイレの設置（現場環境により限界がある場合は、簡易型でも可）

3　活動が長時間に及ぶ場合、本番・リハーサル等の合間の短時間を使って臥床《がしょう》できる、男女別スペースの設置。できれば、一定程度まで光をカットし、暗くできるスペースであることが望ましい

4　現場で支給・提供される、いわゆる食事の、栄養バランスの改善

受注者にあたる劇団員では、プロデューサーなどにはなかなか言いづらい待遇面の内容も産業医に代弁してもらうように心がけました。プロデューサーに産業医の提言書を渡しても果たして受け入れてもらえるかどうか心配したのですが、意外にすんなりと当然のこととして受け入れられました。劇団は公演が近くなって切羽詰まってくるとイライラしたり、予算が足りなくなったり、安全衛生や待遇まで気が回らなくなりがちですが、こうしてあらかじめ提言をし

ておくと、気を遣うきっかけになるようです。このような提言をして研修をした団体にはトラブルが少なくなっているようで、安堵《あんど》しているところです。

そうこうしているうちに、厚労省から個人事業者とその発注者に向けた「健康管理のガイドライン」が出ました。それには長時間働いて疲労が蓄積した場合に、医師の面談を提供するよう推奨しています。つまり産業医のような役目を推奨しているということです。

私たちの経験から言うと、それは非常に有益で働く環境を良くする早道だと感じています。

ここケア（こころとからだのヘルスケア）の取り組み

こうして私たちはメンタルケアだけではなく、怪我や病気を防ぐための健康活動も始めることができました。心と体の両方のヘルスケアを推奨する意味で「こころとからだのヘルスケア」、略して「ここケア」と題して、新しいフリーランスの保健活動をスタートしました。この頃、安全衛生アドバイザーに東大准教授で産業医の黒田玲子氏が就任して私たちをサポートをしてくださり、この活動を評価してくださいました。

「今回の取組は、短期的には芸能従事者の健康および安全衛生の確保対策として、長期的には多くの芸能従事者が安全な環境で安心して仕事を継続することによりパフォーマンスが向上

し、芸能業界全体の活性化と発展に寄与するものとして、非常に意義が大きいものであると考えています」(黒田氏)

改めてこういった視点で考えると、ストレスなどの心の負荷を回避するコーディネーターにも同じく労働災害を防止する役割があります。そこでインティマシー・コーディネーターの浅田智穂さんを招いて、「インティマシー・コーディネート安全衛生の効果」という勉強会を開催しました。インティマシー・コーディネーターがそれまで報道されていたような、ラブシーンを問題なく撮影する目的だけではない、安全と心の負荷を除く重要な役割を果たしていることがわかりました。

予知できるトラブルを避けて、ストレスの原因を軽減することもインティマシー・コーディネーターの役目です。演出や演技上のリスクを軽減できると、健全な人間関係を維持できます。与えられた役を不安に怯《おび》えながら演じて、危険を感じながら仕事するようでは良い作品はできません。実際に浅田さんがコーディネートをした撮影や演劇のインティマシー(密着)シーンでは、トラブルがほとんど起こらなかったそうです。こうして安心安全に仕事ができる環境こそが、パフォーマンスの向上に役立つのは間違いありません。

この制度は瞬く間に欧米で広がりましたが、日本には二〇二四年七月までは浅田さんと西山ももこさんの二人しかいませんでした。浅田さんは過重労働になるほどの激務をされています。このインティマシー・コーディネーターのライセンスの取得には米国などで実施している八〇〇米ドルの研修の受講が必要で、個人で負担するのは難しく、英語が堪能でなければ取得できません。浅田さんと西山さんはそれぞれ二名を育成されましたが、社会的意義が大きいこの取り組みには公的な支援が必要だと思います。

フリーランスのヘルスケア

ストレスチェックは会社に雇用されている人であれば、馴染みのあることと思いますが、フリーランスには正直なところ他人事でした。

ところが、二〇二三年四月に厚労省は、ストレスチェックを個人事業者にも使えるように用語の置き換えをしました。

たとえば、「勤務」を「業務・仕事・実演」に、「職場」を「仕事の発注者・仲介業者」に置き換えられ、芸能従事者にも馴染みのある言葉に改善されました。

もう一つ、会社等の事業者では通常行われている疲労の蓄積度を自分で確認できるチェックリストを、フリーランスにも使えるように改正版を作りました。

さらに、多くの人が一度は見たことがあるであろう厚労省のメンタルケアポータルサイト「こころの耳」の中で、多くの主語として使われている「労働者」を、「働く人」と書き換えました。こうして働く人はフリーランスも含むという考えが浸透するように変化していきました。

芸能界の働き方改革

こういった健康に関する標準的なことが当たり前のように使えるようになる動きは、生活のために懸命に働いているフリーランスにとって嬉しいことです。

国会でいつまでも「フリーター」と間違えられたり、「フリー」というイメージ通り自由気ままに働いていると勘違いされることは、専門職の技術を一生懸命に学びながら働いている個人事業者には心外だったと思います。

会社で働く労働者とフリーランスの間にあった溝が、どんどん狭まって来ているように感じます。安全に関しては、働き方の違いにかかわらず、誰にでも平等に安全に働く環境が与えられて当然でしょう。

労働者性を求めて闘うことが、長く行われてきましたが、安全面に関する労働者の権利は、この間、あっという間に改善されてきたと思います。

そのきっかけになったのは建設アスベスト訴訟を起こしたご遺族の方々の努力だったことは間違いありません。心より感謝しています。

実に二〇二一年に労災保険が使えるようになってから二四年までに、取引の適正化や安全衛生や健康管理についての法律やガイドラインが次々にできました。これまで俳優は社会から見放されたようにさえ感じてきましたが、ようやく人権が得られたと思うほどでした。

正直なところ、一つ一つの改正があった日の朝、目が覚めて「これで変わるんだ」と思っても、見える風景はいつもと同じでした。それでも、じわじわと浸透していって、ある日突然、次のステップが始まる……そういう経験を、この間に何度もしてきました。

そして制度改正の感動を忘れた頃に、初対面のダンサーの方から「お世話になっています。あなたのセンターの会員です。労災保険ありがたく使っています。家族も喜んでいます」と言われたり、ご無沙汰している大学の先輩から「足を骨折して仕事ができなくなったけど、森崎が頑張ってくれた労災保険のおかげで二カ月も休業補償がもらえて、いつも通りに生活できたよ。今はこんなに違うんだね！」などと言われて、ああ本当に変わったんだと気付かされ、ようやく実感が湧きました。

時間はかかっても少しずつ着実に変わっています。これが本当の改革なのだと実感しています。

変わらないことは無い。やればできる。二〇一八年のあの日、尊敬してやまない海外の俳優組合のレジェンドたちが、日本の多くの芸能人に向けて言った「目覚めよ Wake Up!」というメッセージ。彼らが私たちにそういった時の気持ちが、今はよく理解できます。

最近はハラスメントや未払いの報酬のことで悩んで苦しんでいる人に会って、辛い思いを聞いたときには「あきらめなくても大丈夫」と、いくらかの確信を持って優しく励ます気持ちになれています。

どんどん変われ！

誰も苦しまないように！

そんな思いで、これからも走り続けていきたいと思います。

III　これからの芸能界

第9章　未来をつくる白書
――過労死防止対策

私たちがどんなに頑張ってアンケートを取り続けても、政府による労働調査はありませんでした。抜本的な改善につながる政策立案のためには、政府が実施した調査がなければ実現できません。そこで考えていた一つの目標は、厚労省が芸術・芸能分野の白書を作成することでした。

過労死防止対策

二〇一四年に過労死等防止対策推進法が成立し、政府は労働実態に問題がある分野に関して、過労死防止対策をしなければいけません。例えば医療、建設、運輸の分野に関しては、二〇二四年問題と言われる労働時間の上限規制を始めました。

他に公務員、教員、メディアなどを重点分野として、様々な角度からの調査を行い、毎年、『過労死等防止対策白書』をとりまとめて国会に報告しています。

芸能従事者が労災保険を得た二〇二一年の「過労死防止大綱」で、この白書を作るための調査対象として、長時間労働の実態がある業種に芸術・芸能業界が追加されました。数ある白書のなかでもまさに芸能分野の課題にあったテーマです。この二〇二一年「過労死防止大綱」が決まる前に実施されたパブリックコメントには、フリーランスである音楽家や俳優などは立場が非常に弱いことや、事務所等との契約内容が不利なことから調査するのと同時に対策を講じてほしい、フリーランスのデザイナー、俳優、ダンサー、振付師、劇作家や研究者、伝統芸能の継承者なども対象とするべき等の声が寄せられました。

「過労死の調査」と聞くと非常にセンシティブで胸が痛くなりますが、避けて通れない実態もあります。政府による調査のための設計と準備は、一年かけて行われました。その後、約五〇〇〇名の多岐にわたる芸術・芸能従事者の有効回答を得て、いよいよ私たちがこの問題に向き合う時が来ました。

調査

二〇二三年、過労死についての調査報告書がまとまりました。その設問項目には、世界基準とされる一般的な過重労働についての質問と、芸能従事者に特有の心理的負荷のかかる三〇の出来事についての質問が入りました。

たとえば、怪我や急病の時には必要な対応をしてもらえたか？

危険な仕事の有無、不自然な姿勢を取らなければならないこと、安全衛生管理者、更衣室やトイレの有無などの就業環境についてや、暴力や心を傷つけられたことがあったかどうか、性的な演技の強要の有無などのハラスメントについて、同僚や仲間の過労や自殺、仕事の受注形態や報酬、仕事をする上でのやりがい・ウェルビーイング（幸福感）、解決のために相談できる環境があるかどうか等の、広範囲にわたる質問項目になりました。

政府が芸術・芸能分野に特化した質問を作るのははじめてのようでしたが、回答する側も初めてで、中には「やっと本格的な調査をしてくれた」と喜ぶ現代美術家の方がいました。

世帯状況

この分野の詳細な世帯状況等のデータはこれまでに見当たりません。

男女別世帯状況の調査結果は、配偶者がいる世帯が五〇・九％でした。つまり約半数が、未婚・離婚・死別などの理由で独身であることになりますが、通常よりも独り身の方がかなり多いです。

一方で世帯収入は四〇〇万円未満の方が五一・四％で半数を超えているので、世帯があっても、配偶者や同居家族などからの収入に支えられていない状況が伺えます。いずれにせよ一般的に想像されるよりも実態は低収入ではないでしょうか。

自由に働いているとは言えない

個人事業者や雇用類似と呼ばれる働き方は、「裁量労働」といって自分の裁量で自由に働くことができると考えられていました。一方で指揮命令を受けて従属性の強い働き方は雇用に類似した、「労働者性」が高い働き方と考えられています。労働者性が高い場合は社会保障や待遇を手厚くするのが当たり前のため、この問題は重大な意味を持ちます。

この調査報告書では、裁量度をはかる質問がありました。

芸術・芸能実演家が日常的に関わる内容に沿った質問で、仕事を受ける時に断れるかどうか？　時間の拘束と場所の拘束があるかどうか、誰かと代わることができるかどうか、仕事の交渉力があるかどうかの質問がありました。

その結果、裁量性が五〇・〇％である人が一番多い結果（三五・九％）が出ました。つまり芸術家・芸能実演家の場合は労働者性はゼロではなく、少なくともグレーゾーンであると言えます。

過度なうつ傾向

演技等のクリエイティブな仕事の共同作業は、人と人の関係が近くなりがちで風通しが悪いため、人間関係が煮詰まりやすいと言われています。しかも、芸術家や芸能実演家のように感覚を研ぎ澄ました仕事ができる人は、センシティブでうつになりやすい傾向があるとイギリスの俳優組合が実施した調査の結果にも出ています。ここでは、うつ傾向・不安がある人が全体で半数を超えていました。

過度なウェルビーイング

ウェルビーイング、つまり主観的な幸福感、それはやりがいとも置き換えられますが、あまりにも高い数値が出ました。幸福感六以上が全体で八割を超えています。

この調査で明らかになったように、一般に比べて低収入の世帯で生活していて、仕事の内容は心理的負荷の高い状況にあるにもかかわらず、主観的幸福感が非常に高い、このことは、本人のやる気を相当に搾取していることを意味します。

そんな状況でもやりがいがあって幸せならば、どんなに収入が低くて辛い仕事でも続けてしまうでしょう。あまりにも辛い状況で働いている事実がデータとなって明らかになってしまいました。

たとえば、アルバイトをしながらこうした現場で働く人は、芸術・芸能の仕事を本業とできなくても、夢や幸せを感じているからこそ続けていると思います。しかし収入には反映されていません。

心理的負荷がかかっている人は、心理的負荷がかかると評価される三〇の出来事に挙げられたハラスメントや危険な仕事を経験をした人が多いという結果も出ています。同時にこういう方は、うつの傾向が高いという結果も出ています。しかし、それでも仕事を辞めていません。

こういった真面目に働く人が、自分の心の健康を犠牲にして副業・兼業をしてまでも仕事を続けることは危険ではないでしょうか。いつまでもやりがい搾取を繰り返す危険をはらんでいると思います。

このように考えると、これは恐ろしいデータだと思いました。幸福を感じるほどやりがい搾取をされやすいことを、私たちは認識して肝に銘じなければなりません。

以上のような結果が白書としてまとめられました。芸術家・芸能実演家の働き方の長所や弱点が見えたことで、やっと必要な施策を考えるデータベースができたと言ってよいでしょう。調査を始めることが決まってから三年後の二〇二四年に、「過労死防止大綱」で芸術・芸能を重点分野に位置付けることになって、ついに白書ができました。医療や建設、運輸、メディア等に続く八番目の重点分野になります。

こうして白書は、今後の保護整備の大きな土台になっていきました。

第10章　残された課題と対策

フリーランスの安全衛生

ヨーロッパではギグワーカーにも安全衛生の法整備をするなど、個人事業者の安全衛生対策が顕著に進んでいます。スペインでは運転の仕事をする人の立場を改善し、イギリスは労働安全衛生法を改正し、フランスはプラットフォーム労働者の権利を規制して労働条件を改善する立法を進め、イタリアはデジタルプラットフォーム作業を規制してデジタル労働の基本権憲章を出しています。

日本では建設アスベスト訴訟をきっかけに、安全対策を講じる対象は「労働者」だけではなく、広く「働く者」も含まれるとして、フリーランスにも安全対策の指導を始めました。二〇二四年五月に厚労省は健康管理のガイドラインを出して、フリーランス自身の健康管理と同時に、フリーランスに仕事を発注する人にも、健康診断費用の負担や過重労働にならない配慮などを推奨しています。

一方で海外の芸能界では、アメリカでインティマシー・コーディネート制度が始まって演技をする上で必要な安全衛生対策を講じ、密着リスクを回避して感染やハラスメントを防止する対策が広くヨーロッパに浸透しています。イギリスでは舞台芸術で働く人のうつ病の発症率が一般の人の約二倍で、不安定労働によりワークライフバランスを崩していることがわかり、俳優の組合がメンタル憲章を掲げました。

私たち日本芸能従事者協会は、産業医と臨床心理士に加えて、保健師や専門健康心理士などと連携しながら、芸能生活のサポート体制を充実させつつ、現場視察をしながら安全衛生研修を実施しています。

二〇二四年には映画監督が準強姦《ごうかん》の疑いで逮捕されたことで、ハラスメント対策をないがしろにしていた人たちが、いよいよこのままではいけないと危機感を抱き始めたようです。そうした動きの中で、ハラスメント研修はもちろんのこと、仕事を委託するプロデューサーや監督に向けたハラスメント研修も需要が高まってきました。

今後は、建設業に浸透している安全確保のための取り組みを参考に、最低賃金にならぬ最低報酬を設定できるようにして、なおかつ安全のための経費を誰もが使える仕組み作りが必要だと考えています。

慣習の長所

日本の芸能業界には、古くから映画や演劇公演での習わしとして、安全祈願がありました。仕事の期間に三つの節目があり、「初日《しょにち》」「中日《なかび》」「千秋楽《せんしゅうらく》」と呼ばれています。

クランクインや公演初日には撮影所や劇場のどこかしこにある小さな稲荷神社に神主を呼び、お祓《はら》いやお清めをして安全祈願をする慣習があります。

実際は「中日」には中打ち上げをすることで、ストレスを解消し、結束を強めていました。

このような慣習は、残念ながら制作費や安全経費の削減により次第に少なくなっていますが、安全意識を高める上でも重要な習わしだと思います。

これを応用すれば、初日の顔合わせでハラスメントや安全衛生対策の研修を実施し、健康診断を受け、中日にストレスチェックと疲労蓄積度セルフチェックをして、必要に応じて産業医の指導を受け、千秋楽には臨床心理士によるカウンセリングを受けて、心身をリセットして次の仕事に向けたセットアップとしてのケアをしたら完璧でしょう。

誠意ある契約実態

もう一つ、芸能界の長所でもあると思うことは、芸能界では古くから義理と仁義が尊ばれてきたことです。これによって、法律で規制できないようなルールが厳守されてきたということがあると思います。

たとえば、競合避止《ひし》義務に値することです。芸能事務所に所属している人が別の芸能事務所に同時に所属するケースを聞いたことがありません。所属する芸能事務所のホームページには顔写真や経歴はもちろん体のサイズまで記載されますが、これに同意しない人はいません。外国人のモデルが複数の事務所と契約をした例があるそうですが、日本人では前例はないと思います。外国では到底真似できない誠意ある契約実態だと思います。

芸能界のドライバーの長時間労働対策

二〇二四年四月から、医療、建設、運輸の分野で労働時間の上限規制が始まりました。特にドライバーは芸能界への影響が大きいです。

テレビの背景に見えるセットをスタジオに運んだり、演劇公演の地方巡演や全国コンサートツアーの舞台上のセットや照明、音響設備は大型トラックなどで運搬されています。コロナで激減した収益を巻き返すように制作本数が増えているのに、ドライバーの労働問題の対策をしていないのは危険だと思います。

アンケートには芸能の現場の交通事故は数多く報告されています。

「現場へ向かう高速道路走行中にタイヤがバーストして、同乗スタッフが打撲などを負った」
「映画の美術助手が運転手も兼ねていて、寝かせてもらえないくらい忙しくて居眠り運転して車をぶつけて廃車になった」
「予算がないので徹夜作業になり、制作部がトラックで居眠り運転をしてしまい衝突事故死した」
「制作進行のスタッフが現場に向かう途中に事故を起こして死亡した」
「飛行シーンの撮影で、滑走路にいたスタッフが飛行機にはねられ死亡した」

このような事故が当たり前のように報告されているのが、恐ろしい限りです。当事者は事故の原因をよくわかっています。たとえば次のような理由を挙げています。

「多くの場合、危機管理者が不在であること」
「業務に対して十分な時間がない」
「長時間労働と低賃金によるストレスと、低予算によるいろいろものの足りなさ」
「休養不足による集中力の低下」
「疲労、睡眠不足などによる不注意」
「事前の説明不足と段取り不足」
「予算の都合による安全対策がかなり雑であること」

それなのに、現実は「労災事故を隠蔽《いんぺい》している。重篤な事故を「黙ってろ」と言われて、この業界はダメだと思った」という声もあります。それが負のスパイラルになっていることを当事者は知っています。

この運転時間規制は逃げられません。個人事業主にも実質的に遵守が求められています。さらに運転時間が労働時間の半分を超える場合には、ドライバーでなくても適用されると法律は解釈されています。

アンケートに多数出てくるのが、ドライバーを雇わずに制作プロデューサーなどに運転を任せてしまうケースです。このようなやり方はもはや通用しません。

宝塚歌劇団は、二〇二三年九月に劇団員が長時間労働などによる自殺をした後、再発防止に向けた取組みとして、公演数を減らしたり、インターバルや休日を確保しましたが、抜本的な解決方法は、諸外国の劇場のように、一日二回の公演をやめてしまうことだと思います。

全国の劇場やホール全体が日曜日の午後に千秋楽を迎えるため、夕方、公演の終了後に劇場のスタッフは舞台上の装置や機材を撤去して二トントラックに荷入れをし、ドライバーは次の公演の場所まで、どんな遠距離でも運搬します。

新しい制度を守るには、ドライバーを一人増やすか一日ずつ工程を長くするしかありません。相当な制作費の割り増しが必要ですが、企画者は現場に予算を回すよりも、コロナ禍で八割も減少した興行収入を挽回《ばんかい》するために、年間ラインナップの興行数を増やしているのが現状です。

このまま現場を顧みないと、これからパニックが起きる気がします。

ジェンダーへの配慮

千秋楽を日曜日にするという伝統は、せっかく増えている女性スタッフが結婚、出産、育児や介護をしながら働き続けることを阻んでいます。保育所の多くが週末には休むため、一番人手がいる日曜日に子どもを預けられずに、女性は辞めることしか選択できない状況です。舞台スタッフの会社の経営者は「やっと仕事を覚え始めた頃に辞めていってしまう」と残念がっています。

諸外国の芸術家の生活保障制度は、たとえば、イギリスやフランスなどでアトリエの提供(アーティスト・レジデンス)や、有給休暇や失業保険(アンテルミタン・デュ・スペクタクル)の提供、韓国の広域自治体の京畿道は二〇二三年にアーティスト・ベーシックインカム(芸術人機会所得)を始めました。

美術家の村上華子さんは、二〇一二年に渡仏して活動の拠点を移した一四年来、フランスで結婚、出産し、活動を継続しています。現代美術家の川久保ジョイさんとそのご家族は、育児のためには、ロンドンの社会が日本より開放的で、自分たちの育て方に合っていそうだと考え、移住を決めました。

こうして日本の若い才能がどんどん海外へ移住しています。その一方で、日本にアメリカの映像配信会社ネットフリックスによるアニメーターの教育機関が設立されるなど、これから育つ才能まで外国に獲得されようとしているようです。他方で、文化庁は新進芸術家の海外研修事業こそあるものの、外国人芸術家の国内への受け入れはしていません。

こうして日本の文化は海外に流出するばかりで、日本の文化を育てる仕組みが乏しいことは、本当に残念なことです。

国連人権理事会の指摘

二〇二三年にBBC放送がドキュメンタリー番組『J－POPの捕食者　秘められたスキャンダル』で、旧ジャニーズ事務所（現 SMILE-UP.）の前代表である故・ジャニー喜多川氏による性加害について取り上げたことで、数十年に及ぶ膨大な被害者が次々に告発する異常事態になりました。

毎日のように被害者の告発が報道される渦中に、国連の人権理事会が来日して調査をしました。差別やジェンダー問題の聞き取りを行う中で、私も芸能の問題の当事者としてヒアリングを受けました。調査の終了にあたり記者会見が開かれて、芸能業界に「心の痛む問題がある」

との声明が発表されました。

声明文では、労働条件が搾取的であることやハラスメントの法的な定義を明確にしていないことから、性的な暴力やハラスメントを「不問に付す」文化を作り出していると指摘されました。さらにアニメ業界での極度の長時間労働や、不正な下請関係に関連する問題から、クリエイターが知的財産権を十分に守られない契約を結ばされる例が多いこと、ジャニーズ事務所のタレントの数百人が性的搾取と虐待に巻き込まれたことを、深く憂慮すべき疑惑として、ジャニーズ事務所のメンタルケア相談窓口による精神衛生相談を希望する被害者への対応は不十分だと指摘されました。

国連が基準とするコンプライアンスの遵守のために、あらゆるメディア・エンターテインメント企業が救済へのアクセスに便宜を図り、正当かつ透明な苦情処理メカニズムを確保して、この業界の企業をはじめとした日本の全企業が積極的に人権デューデリジェンス（ＨＲＤＤ）を実施し、虐待に対処するよう強く促すと、声明を発表しました。

この後、ジャニーズ事務所は被害者救済後の「廃業」を表明し、各テレビ局と民放連（日本民間放送連盟）は「人権に関する基本姿勢」を作りました。

まさか国連から指摘を受けるとは思ってもみませんでしたが、どうにもならない問題を抱えていた人々は「黒船が来た！」と、天の助けのようにありがたく思ったようです。

実際に私も人権理事会として来日した女性と面会をしたとき、感動で涙が止まりませんでした。私たちが暗中模索しながら命がけで活動を続けてきたことを、言葉にしなくても全て理解しているかのように優しく接してくださいました。

きっと困難に立ち向かう世界中の人と接しているに違いないと、彼女の目を見て思いました。人を助けたい人を助けてくれる、そんな神様のような方でした。

その後、テレビ番組に広告を出すスポンサー企業は、HRDDへの配慮として、子どもの人権を尊重しない芸能事務所に所属するタレントを起用しないと宣言しました。

しかし、どこまで継続的に徹底できているのかはわかりません。本来であれば、企業と放送業者が監視のできる第三者機関を設置するなどをして、二度とこうした事件を起こさないための仕組み作りをしても良かったと思います。

私はビジネスと人権の取り組みを企業とともに進めている弁護士の蔵元左近さんと一緒に民放連にお話をしに行きました。その翌年には、TBSホールディングスが人権救済の機構に加盟しました。

二度と同じ過ちを繰り返さないための取り組みは、今こそ必要だと思います。そしてスポンサーとなる企業が、自社の広告費から報酬を得て働いている芸能人を、フリーランスであっても自社のサプライチェーンの一員と認識して、性被害が起こらないように安全対策を進めることが肝要だと思います。

AIによる全ての業種のクリエイターの危機

二〇二三年に政府がＡＩを急速に推進し始めたことで、多くのクリエイターが廃業になるのではないかと危機を感じました。私たちが実施した「ＡＩリテラシーに関する全クリエイターのアンケート」には二万六八三一名もの回答が集まり、九三・八％の人が不安だと声を寄せました。

すでに自分の顔、声や作品等をＡＩに学習されて売られたなどの事例が二六一二名も集まりました。たとえばイラストレーター、美術家、小説家、音楽家、声優、モデル、翻訳家、俳優、写真家などが、知的財産権などの権利やモラルの侵害だと訴え、児童ポルノやアダルト作品などの生成に自分の作品や自分自身の画像を利用されたなどの事例をあげて、今後、法整備など何らかのルールで保護する必要があると求めていました（一万四五〇〇名）。

ＥＵ欧州委員会では倫理観に基づいて商業利用や学術論文からの学習を禁止しています。クールジャパンと謳《うた》ってＡＩをどんどん利用促進する日本とは真逆の方向にあります。

他方、米国では脚本家と俳優の組合が一一八日間に及ぶ、「ＦＡＩＲ ＰＡＹ！」と叫び続けた壮大なストライキを行い、大手の映画スタジオと限りなく対等な協約を結びました。ＡＩによる権利侵害の波に負けずに権利保護を進めることで、ハリウッドに受け継がれているスタッフの技術や、俳優や声優らの雇用の確保を成し遂げました。

これからの働き方①――正しい価値づけ

ようやく始まった芸能界の働き方改革をさらに進めるためには、仕事の内容を正しく把握することが大切となります。そのためには非日常的な仕事の特殊性を理解することが必要だと思います。例えば大勢の人に見られながらの演技や歌唱、オーケストラの指揮など、極度に緊張しながら集中する行為が脳や心臓にかける負担などについて研究が進むことが期待されます。実際、民法学者の芦野《あしの》訓和《のりかず》教授（専修大学法学部）は、文化芸術分野の仕事はフードデリバリーのような単純型労働とは異なると考えています。

欧州では、古くから芸術家を「Knowledge Worker（知識労働者）」と呼んでいます。確かに物語を構成する能力や、芝居のセリフや落語、楽譜などを覚える記憶力、新しいアートを創造する美術家の発想力に知識を使っているのは明らかです。こういった仕事を単純型労働と同じような労働時間でしかカウントしないと、正しい価値を評価しきれないのかもしれません。

これからの働き方②――徒弟関係の合理化

芸能界は徒弟関係の中で技術を継承してきました。フリーランスの照明スタッフで、公益社団法人日本照明家協会の岩城理事は、照明の技術は「見よう見まねでやる」「見て盗む」という覚え方が続いている」といいます。「教え方も研究されず、教わり方もわからないままになっている。このことが精神的ストレスの原因となっていると考える」と指摘しています。宝塚歌劇団の劇団員が過重労働とハラスメントが原因で自殺をされてしまったと言われている不幸な事件の後、九カ月後に宙組《そらぐみ》の公演を再開するときに、上級生が下級生に仕事を教えることについて調査をしてガイドラインを出しました。このように人から教えてもらう方法についてルールを作ったりテキストを使うなどの見直しをすることは、持続可能な継承のためにとても良いことだと思います。

徒弟関係が一般的だった建設業も、今は認定制度で技術や安全対策を継承し始めています。そうすることでスキルアップもできるようになっています。

芸能についても伝統を重んじながら継承方法を合理化するのは、人手不足の解消のためにも大切なことだと思います。

これからの働き方③——マネージメントのＤＸ化

スマートフォンやタブレットの進化に伴って、芸能業界の連絡はＬＩＮＥアプリの利用が一般化しています。脚本がＰＤＦで送られて来たり、声優は収録スタジオで台本をタブレットで見ています。このように芸能界のＤＸ化はかなり進んでいます。

一方ウーバーイーツはスマートフォンのアプリで仕事を受けています。芸能業界はそこまで進化はしていませんが、ウェブ上にスタッフや俳優が登録して仕事を紹介するサイトは出始めています。もしキャスティングのためのオーディションがより一般化したら、スムーズで透明性のあるウェブ上のエージェントシステムができるでしょう。

主なアンケート・調査

演劇緊急支援プロジェクト（二〇二一）「文化芸術に携わる全ての人の現況とコロナの影響に関するアンケート」
演劇緊急支援プロジェクト（二〇二一）「文化芸術に携わる全ての人の《自粛一〇か月経過》現況とコロナの影響に関するアンケート」
演劇緊急支援プロジェクト／日本芸能従事者協会（二〇二二）「舞台芸術に携わる全ての人のコロナ第七波の影響に関するアンケート」
公正取引委員会人材と競争政策に関する検討会（二〇一七）フリーランスへのウェブ調査
公正取引委員会（二〇一八）「人材と競争政策に関する検討会ヒアリング及びウェブアンケート」
全国芸能従事者労災保険センター（二〇二一）「芸能従事者の実態調査アンケート」
日本芸能実演家団体協議会（二〇二〇）「第一〇回芸能実演家・スタッフの活動と生活実態調査」
日本芸能従事者協会（二〇二二）「芸能・芸術・メディア業界のハラスメント実態調査アンケート二〇二二」
日本芸能従事者協会（二〇二二）「芸能従事者のインターネット上の誹謗中傷に関するアンケート」
日本芸能従事者協会（二〇二二）「相談窓口に係る意識調査のアンケート」
日本芸能従事者協会（二〇二二）「フリーランス芸能従事者の安全衛生の取組みに関するアンケート」
日本芸能従事者協会（二〇二二）「フリーランス芸能従事者の経費負担の適正化に関するアンケート」
日本芸能従事者協会（二〇二二）「フリーランス芸能従事者の労災と安全衛生に関するアンケート二〇二二」

主なアンケート・調査

日本芸能従事者協会(二〇二三)「ＡＩリテラシーに関する全クリエイターのアンケート」

日本芸能従事者協会(二〇二三)「芸術・芸能分野のドライバー二〇二四年問題に関するアンケート」

日本芸能従事者協会(二〇二三)「フリーランス芸能従事者の労災と安全衛生に関するアンケート二〇二三」

文化庁(二〇二〇)「文化芸術活動に携わる方々へのアンケート」

DR LUCIE CLEMENTS, *Equity global scoping review of factors related to poor mental health and wellbeing within the performing arts sectors*, MAY 2022

European Audiovisual Observatory, *Tracker of audiovisual sector-specific measures taken in Europe in the context of the COVID-19 crisis*

UNESCO, *Culture and working conditions for artists—implementing the 1980 recommendation concerning the Status of the Artists*, the United Nations Educational, Scientific and Cultural Organization, 2019

各国の *Code of Conduct* 及びハラスメント調査

あとがき

私が大学に入学して間もない昼下がり、学内の食堂でのことです。とても混んでいて席が足りないのに、食後、いつまでもおしゃべりをしている先輩方のグループがいました。近くにいたある学生が座れずに、ゴミ箱の上に器を置いて食事をしようとしているのを見て、私はとっさに「まだ食べていない人もいるのだから、終わっているのだったら席を譲ってはいかがですか？」と先輩方に言いました。一瞬、学食がシーンと静まり返りました。あっけらかんと言ってしまった私の言葉に、その場にいた誰もが驚いたようでした。先輩方は怒り顔で、文句を言いながら席を立ちました。

私にはこのように、みんなが嫌な思いをしないために、人が言いづらいことを言った記憶がいくつかあります。自分はこういう役回りなのかもしれません。

本書に書いた一連の活動を始めてから数年が経とうとしています。この間、二カ月に一度はなんらかのアンケートを取り、多い時には三つのテーマを同時に実施していたこともありました。そうしてどんどん実態が明らかとなり、メディアに報道され、政府・省庁、国会議員から絶え間なく問い合わせをいただくようになりました。二年ののちには全国芸能従事者労災保険センターと日本芸能従事者協会を設立して、一、二年経つとあっという間に数万人もの会員が集まり、ついにはこのような本まで書いていることに、誰よりも自分が驚いています。

なぜか私のところには辛い目に遭った方が集まってきます。誰にも言えないことを伝えてくださって一緒に泣いて、力に変える……そんなことを繰り返してきました。最初、その声はとても小さかったのですが、今はだんだん大きくなって、国を動かしています。

怪我をした方や遺族の方々に会うと、長々と共感して話し込んでしまい、一緒に泣いて、二度とこんなことを起こしたくないという気持ちを共にしました。人物が特定されないようにするためにアンケートの形でデータ化を試みて、数字になったら然《しか》るべきところに届け、説明しながら、変えるべきものを変えよう、自分が生きている限り、これをやらなければいけないと思うようになりました。

その成果が割合にすぐ現れてきたことは、成功体験のように、次の活動への力になり、私と仲間を支えてくれました。

自分は絵に描いたような役者ばかで、スタジオや舞台のような非日常の匂いが好きですが、都内のミッションスクールで育ち、子どもの頃に最も尊敬する人はマザー・テレサでした。

インドの貧民街で、家を失って余命いくばくもない方々の汚れた身体を洗い、最期に生きていて良かったと感じていただく。そんなマザー・テレサの活動を心から尊敬し、いつかそういうことができるようになりたいと思っていました。日本には置き換えにくい活動ですが、俳優になってからインドを舞台にしたドキュメンタリー番組に出演している時の撮影で、現地の小学生を取材しました。「将来は何になりたいですか?」と質問すると、一番多かった答えが「ソーシャルワーカー」でした。自分のような考えを持つ子どもたちがインドにはたくさんいることに驚きました。それでも、日本で自分にできることが何なのかはわからないままでした。それがふとしたきっかけで、今の活動を見つけたのだと思います。

本書の中には、ポジティブなことだけではなく、あまりにも辛い、できることなら知りたくなかった、と思われるようなことも、あえて書きました。これほどの辛い経験をした方々の思いや体験が、これ以上隠されたままではいけないと考えたからです。

正直なところ自分は「労災」という言葉すら、使うことも見ることも避けたいと願うほど怖がりです。そんな私がなぜ今、毎日のように労災や過労死と向き合っているかというと、こういった苦しみを一つ残らずなくしてしまいたいからです。

私の目標は事故や怪我がない現場で働くことです。そんな現場をこの手で作って、思う存分、心から楽しく芝居をしたいのです。

バブルの終わりごろにデビューした私は、今ではありえない、平和な良い現場を経験しました。まるで家族のように守ってくれる何人ものマネージャーに支えられながら、人気男性アイドル（現SMILE-UP.所属）の相手役でテレビのドラマでデビューしました。映画やコマーシャルでは、いきなり主演をさせてもらいました。とても幸運な芸能生活のスタートでした。おそらく今の数倍、もしかしたら一〇倍以上もの制作費だったと思います。毎日が楽しくクリエイティビティに満たされて最高に幸せでした。

年々、現場の制作費が下がっていくのを肌で感じていました。何かが削られ、誰かが我慢し、無理をして、イライラして、ハラスメントが続出するようになりました。「このままでいいのか」と思ってもどうにもならず、我慢する現場が普通になりました。

そんなある日、序章に書いたように、海外から各国の芸能界を変えたチェンジ・メーカー（変革者）と呼ばれるレジェンドのような俳優たちが来日しました。その中に現在進行形で

#MeTooを実践している俳優もいました。海外の俳優たちが、自らの手で、自分たちの待遇改善を成し遂げた成果の背景には、それを裏付ける国際条約があり、法改正を働きかける団体が存在していました。私はそういった状況や法律を知らなかった自分を恥じました。勉強しないで文句を言っても、どうにもならない。そう自覚して学び始めました。

もともと俳優というものは、辞書を片手にあちこちを取材しながら台本を学んで役作りをするような仕事です。一見畑違いですが、データと法文書を手に駆け回る活動には、あまり違和感を覚えませんでした。むしろ新しい未来が見えてくるようで、楽しかったです。ストーリーをシーン数ごとに組み立てて頭に入れる俳優の技は、法文の条項の数字を頭に入れるスキルと似ていました。

アンケートに寄せられた声から、回答者を思い浮かべて共感するのも、役に感情移入して憑《ひょう》依《い》する作業と同じです。特に自由記述に寄せられた回答者の気持ちが、私には手に取るようにわかりました。その貴重な声を代弁するつもりで、国会議員や官僚の方々に実態を伝え続けています。

現場にトイレがなくて困っていることは誰でもあると思います。それがどんなに辛くても、現場で女性の俳優やスタッフとすれ違うときに、目と目で「無いね」と情報交換することしかできません。ましてやプロデューサーに向かって文句を言うなど、プロデューサーの忙しさを思うと気の毒で、とてもできません。それを第三者のように伝えることができるのが、新しく作ったこの団体の価値です。

この数年の変化はスピード感がありました。芸能界は影響力が大きいから、他の業界に比べて改善は簡単だと言われることがありますが、それは違います。タブーのように口に出すこともできず、長年覆い隠してきた事実はなかなか顕在化しませんでした。労働組合を作れば解決できるという声もありますが、それほど簡単な業界とは思えません。幾重にも重なった事情やしがらみ、尊重すべきルールがたくさんあります。そういった中にいる当事者にしかわからないことを踏まえながら、何とか知恵を絞って編み出した方法のいくつかを、この本に書き込んでいます。芸能界でなくても、困っている分野の方がいらしたら、ぜひ参考にしてほしいです。

本書ではアンケートの自由記述やパブリックコメントから、これまで泣き寝入りせざるを得なかったような、小さい声をあえて拾いました。その声は、これまでは周縁に追いやられてきたかもしれないけれど、手を差し伸べられたことによって、やっとの思いで声を上げることができるようになり、たくましく強い声に育ちました。

いくつもの変革を成し遂げた諸外国の先駆者の多くは、こうした小さくても本質的な声に、丁寧に丹念に寄り添うことで、業界の地位を築いてきました。まさに米国のレジェンドは一六万人の会員の一人一人と面接をし、フランスの会長は毎年、連携している団体を一年かけて訪ね歩いていると聞きました。その積み重ねが歴史になって、大きな力になっているのだろうと思います。

この本にたどり着くまでの経緯を、もう少し述べます。

私は芸能界の弱点として、研究論文がごく僅かしかなかったことに気がつきました。そもそも論じる以前にデータもないのだから、仕方がないことです。しかしそれでは変革は起こせません。芸能界以外の識者や法学者など、しかるべき制度改正に関わる方々の理解を得られなければ、改善の必要性すら認められません。そこで二度目の一念発起をして、見よう見まねで自ら論文を書き始めました。

ありがたいことに、芸能界のハラスメントや労働実態の論文を書くと、次から次へと依頼をいただいて、しまいには連載「芸能従事者の今」を月に一度、大原記念労働科学研究所の機関誌『労働の科学』に寄稿しつつ、さらにもう何本もの原稿を毎月書くようになりました。

こうして文字通り寝る間を惜しんで書き続けて二年が経ち、より一層の変革が進む目処が立ったころ、早くこれらをまとめなければと思うようになりました。機関誌の永田編集長に勧められて、岩波書店の門を叩《たた》いてみたところ、担当の方から「新書でいかがですか」と勧められました。「え、本当⁉」と驚きつつ、挑戦してみようと決意したのです。

こうしてうっかり挑戦したことが、まさか一〇万字も新たに書き下ろすことになるとは、当初は思ってもみませんでした。

新書の企画が通ると、ただでさえ忙殺されている私は、夜となく朝となく、いつもパソコンを背負って、どこでも執筆をしました。根っからの俳優である私は、ものを書くことに表現の喜びを見つけて、楽しく書き続けることができました。

岩波新書に芸能分野の一冊がラインアップされるとは驚きです。しかしながら、新書の本分とされている、新しいことで、知りたいこと、かつ確かなことに、本書は十分合致しています。法律の専門書ではありませんが、むしろその入り口にちょうど良いかもしれません。

本書を読んでご理解いただきたいのは、芸能界で働く人は、誰かれ問わず、読者の皆さんと同じ人間であり、怪我をしたり、心が傷つくこともあるということです。そして、それを自己責任で何度も乗り越えて、いずれまた痛い思いをするのを承知の上で、人を楽しませ、喜ばせる人でありたいと思い続けられる人が、ここで働いているということです。

「好きでやっている人たち」とよく言われますが、好きでやっているから人を使い捨てて良いわけがありません。どうか日々ご覧になっているドラマやポスターや何気ないアートなどで、あなたを楽しませてくれている芸能人や、それを創っているスタッフの方々を、大切に思ってください。

最後に、まさに「たった一人から始まった働き方改革」に関わってくださったすべての方と、この本を作るにあたりアドバイスをくださったすべての方に、最大の感謝を表して筆をおきます。

二〇二四年一一月

森崎めぐみ

森崎めぐみ

俳優．一般社団法人日本芸能従事者協会代表理事．映画『人間交差点』で主演デビュー．キネマ旬報「がんばれ！日本映画スクリーンを彩る若手女優たち」に選出．テレビ『相棒』，舞台『必殺！』など多数出演．代表作の映画『CHARON』はドーヴィル・アジア映画祭で「彼女は気高く，感動的にうっとりするほど美しい高潔なカロンの存在に，ただ単に素晴らしいとしか言いようのない演技で息を吹き込んでいる」と評される．2021年全国芸能従事者労災保険センター設立．文化庁文化芸術分野の適正な契約関係構築に向けた検討会議委員．

芸能界を変える―たった一人から始まった働き方改革
岩波新書（新赤版）2047

2024年12月20日　第1刷発行

著　者　森崎《もりさき》めぐみ

発行者　坂本政謙

発行所　株式会社 岩波書店
〒101-8002 東京都千代田区一ツ橋 2-5-5
案内 03-5210-4000　営業部 03-5210-4111
https://www.iwanami.co.jp/

新書編集部 03-5210-4054
https://www.iwanami.co.jp/sin/

印刷製本・法令印刷　カバー・半七印刷

ISBN 978-4-00-432047-0　Printed in Japan

岩波新書新赤版一〇〇〇点に際して

ひとつの時代が終わったと言われて久しい。だが、その先にいかなる時代を展望するのか、私たちはその輪郭すら描きえていない。二〇世紀から持ち越した課題の多くは、未だ解決の緒を見つけることのできないままであり、二一世紀が新たに招きよせた問題も少なくない。グローバル資本主義の浸透、憎悪の連鎖、暴力の応酬——世界は混沌として深い不安の只中にある。

現代社会においては変化が常態となり、速さと新しさに絶対的な価値が与えられた。消費社会の深化と情報技術の革命は、種々の境界を無くし、人々の生活やコミュニケーションの様式を根底から変容させてきた。ライフスタイルは多様化し、一面では個人の生き方をそれぞれが選びとる時代が始まっている。同時に、新たな格差が生まれ、様々な次元での亀裂や分断が深まっている。社会や歴史に対する意識が揺らぎ、普遍的な理念に対する根本的な懐疑や、現実を変えることへの無力感がひそかに根を張りつつある。そして生きることに誰もが困難を覚える時代が到来している。

しかし、日常生活のそれぞれの場で、自由と民主主義を獲得し実践することを通じて、私たち自身がそうした閉塞を乗り超え、希望の時代の幕開けを告げてゆくことは不可能ではあるまい。そのために、いま求められていること——それは、個と個の間で開かれた対話を積み重ねながら、人間らしく生きることの条件について一人ひとりが粘り強く思考することではないか。その営みの糧となるものが、教養に外ならないと私たちは考える。歴史とは何か、よく生きるとはいかなることか、世界そして人間はどこへ向かうべきなのか——こうした根源的な問いとの格闘が、文化と知の厚みを作り出し、個人と社会を支える基盤としての教養となった。まさにそのような教養への道案内こそ、岩波新書が創刊以来、追求してきたことである。

岩波新書は、日中戦争下の一九三八年一一月に赤版として創刊された。創刊の辞は、道義の精神に則らない日本の行動を憂慮し、批判的精神と良心的行動の欠如を戒めつつ、現代人の現代的教養を刊行の目的とする、と謳っている。以後、青版、黄版、新赤版と装いを改めながら、合計二五〇〇点余りを世に問うてきた。そして、いままた新赤版が一〇〇〇点を迎えたのを機に、人間の理性と良心への信頼を再確認し、それに裏打ちされた文化を培っていく決意を込めて、新しい装丁のもとに再出発したいと思う。一冊一冊から吹き出す新風が一人でも多くの読者の許に届くこと、そして希望ある時代への想像力を豊かにかき立てることを切に願う。

（二〇〇六年四月）

岩波新書より